ミャンマー会計制度の研究

谷口隆義 著
Taniguchi Takayoshi

Research of Accounting Systems in Myanmar

中央経済社

推薦の言葉

　ミャンマーは，ビルマ式社会主義政権（1962年～1988年）・軍事政権（1988年～2011年）を経験した後，近年，民主的な政権へと移行しつつあり，政治・経済両面においてASEANの中心的な存在となることを期待されている。

　本書は，ミャンマーにおける，政府の会計規制政策，企業会計・監査実務，大学における高等会計教育，公認会計士の専門職教育などの問題を包括的に，かつ相互関連的に分析した貴重な書物である。ミャンマーの企業会計・監査を主題とした研究は，世界的にみても研究の蓄積がほとんどなく，本書はまさにこの領域における研究のパイオニアといえる存在である。本書は，4年間にわたり，渡緬10回・29組織・延べ74人の関係者に対する訪問面接調査，および上場企業への質問票調査を行った谷口隆義氏の「忍耐と努力の結晶」であり，また，会計・監査実務に精通し，豊富で高度なネットワークを有する，彼にしかできない仕事でもある。

　国連の分類において，後発開発途上国に位置づけられるミャンマーが，なぜ資本市場指向の強い国際会計基準（IAS，1999年）と国際財務報告基準（IFRS，2009年）を採用したのか。自国企業に採用を義務づけたにもかかわらず，なぜほとんどの企業が準拠しなかったのか。会計監査はなぜ機能しないのか。本書は，これらの"なぜ"に真正面から取り組み，その答えを導くとともに，ミャンマーがこれらの問題を解決するための解決策を提供している。

　さまざまな目的からミャンマーの会計・監査制度および実務をより深く知りたいと考えている企業家・公認会計士と，開発途上国の会計・監査を研究している研究者のみでなく，ミャンマーの政治経済に興味のあるすべての人に，本書の一読をお薦めしたい。なお，谷口氏は，本研究にて，2019年3月に，京都大学より経済学博士を取得していることを付言しておきたい。

2019年8月

京都大学教授　徳賀　芳弘

序　　文

　アジア最後のフロンティアとしてミャンマー経済の行方が注目されている。

　伝統的ビルマは，大家族制ではなく，物的富の蓄積は高い価値を持たず，他者への慈悲と寛容とを尊んだ。僧侶，老人は尊敬され，公共の場以外では男女平等であった。文字の利用や理解は日常生活に不可欠ではなかったものの，19世紀初めにおける読み書き能力の水準は欧米のそれよりも高かったという（Hagen［1956］，pp.7-10）。

　このような平和で寛容第一のビルマに，法律や契約の制度は発達しなかったようだ。また，経済発展を促進する次の3つの要素が欠如していたとHagenは言う。①他人に対する尊敬の念，②実業の威信，③年下の意見の尊重である。また，王位継承の際には相続の序列は決められておらず，しばしば紛争が起こった。前もって承継者が決まっていれば，英国に占領されなかったかもしれないとも言っている。

　ミャンマーに進出する日本企業のサポートに日本スタイルの会計が必要であろうし，それを広く理解してもらうため，また日緬間の懸け橋にならんと熱情沸沸と溢れる気持ちを持って，会計事務所と会計学校をヤンゴン市内に設立した。しかし思い描いた状況と目の前の現状は大きくかけ離れ，会計のfundamentalsは脆弱であり，ミャンマー国民もそれほど関心を示さなかった。ありのままに真実な状況を報告するという会計の最低条件さえクリアされていなかった。

　ミャンマーに進出した以上，会計の状況把握の必要性に迫られ，ミャンマーの置かれている会計の現状，そこに至る道筋，今後の動向等の調査を開始した。しかし，まず先行研究がない。ミャンマーのトップ大学であるミャンマー経済大学を訪れ，先生方との意見交換や会計に関わる参考文献などを探したが見当たらない。この原因は二度にわたる軍事政権が大きくかかわっていることが後にわかる。旧軍事政権（1962年～1988年），新軍事政権（1988年～2011年）による「会計空白の50年」の影響である。また，これらの根底に横たわる教育全般

iv

の問題もあった。

　本書はこれらの原因の究明，分析を行ったものである。

　先行研究が見当たらない中，聞き取り訪問調査，質問票調査の手法を使い，ヤンゴンのみならず，ネピドー，マンダレーまで足を延ばした。

　2013年2月から2016年12月までの3年11ヵ月の間，調査目的の10回の渡緬で聞き取り調査対象29ヵ所，延べ74名にわたり聞き取り調査を実施し，その結果を分析し，取りまとめている。

　調査を始めた2013年は，民政移管したテイン・セイン政権とはいえ，軍事政権時代の残響で，ミャンマー人からは明確な情報を得られなかった場合もあったが，現場目線の実態把握には，確度の高いものになっていると考える。

　本論以外に，資料を添付し，読者の一層の理解に資するもの，論理の拡張を抑えた本論を補足する考え方，調査手法の補足等を情報提供することでミャンマーの会計実務・会計制度・会計教育の理解に努めた。

　聞き取り手法，データ分析，移行経済の知見などは，京都大学　徳賀芳弘教授のご指導やアドバイスをいただき，最後の2回は調査にも参加していただいた。先生の卓越した知見がなければ調査を取りまとめられなかったと衷心より感謝している。ミャンマー大使館の石丸直書記官にも大変お世話になった。感謝を申し上げる。弊事務所　馬島健君にも編集作業を手伝ってもらった。また，徳賀研究会の皆様にもアドバイスをいただいた。出版に関しては中央経済社の小坂井和重氏にもお世話になった。

　振り返ると1993年に衆議院議員選挙に初出馬し当選以降17年にわたり，私の議員生活を献身的に支え，その後も京都大学における研究を支えてくれた妻祐子には心から感謝している。本書を妻　祐子に捧げたいと思う。

　2019年8月

谷 口　隆 義

目　　次

推薦の言葉／i

序　　文／iii

略語一覧／Ⅳ

序　章
研究の目的と本書の構成

1　研究の目的　1

2　本書の構成　4

第1章
先行研究のサーベイ

1　ミャンマーに係る先行研究　7

（1）ミャンマー国内における研究　7

（2）ミャンマー以外における研究　9

2　類似した環境下の諸外国に係る先行研究　10

（1）開発途上国　11

（2）移行経済国　13

（3）ASEAN　17

第2章
ミャンマー会計の歴史と背景

1　政治・経済的背景　19

2　ミャンマーにおける会計の歴史　22

3　軍事政権下における会計高等教育の荒廃　26

II

第3章
訪問面接調査

1 訪問面接調査の概要　29

2 調査結果の概要　36

（1）質問事項　36

（2）会計・監査実務に関する調査結果　39

（3）会計教育に関する調査結果　41

第4章
結果の分析と原因の探究

1 会計・監査実務の実態に係るファインディングス　45

（1）一般的な会計リテラシーの低さ　45

（2）会計ルールへのコンプライアンス意識の欠如　45

（3）会計監査の質的・量的な不十分さ　46

（4）MAS/MFRSの無機能化　47

2 会計高等教育に係るファインディングス　48

3 原因の探究　51

（1）会計インフラの未整備　51

（2）会計高等教育の欠如　52

（3）（1）と（2）の両方　55

第5章
ミャンマーの会計高等教育改革と今後の方向性

1 会計高等教育改革の必要性　57

2 ミャンマーの今後　60

終 章
研究の成果と残された課題

【資　料】

資料１：質問票調査に用いた質問紙および回答　68

資料２：会計高等教育を実施している３大学の概要　73

資料３：IFRSとMFRSとの比較　76

資料４：ミャンマー政治経済小史　82

資料５：ミャンマー王朝時代から現在に至る国の変遷　84

資料６：歴代大統領の変遷　85

資料７：移行経済の観点からみたミャンマーとベトナムの比較　86

資料８：中小企業ASEAN７ヵ国の会計実務状況表　90

資料９：ヤンゴン証券取引所上場５社の状況　110

資料10：ミャンマーの会計事務所の概要　114

資料11：ミャンマー上場５社の財務分析　116

資料12：YSXとベトナム，ラオス，カンボジアの証券市場比較　120

資料13：ミャンマーの公認会計士資格取得の流れ　121

■参考文献　123

■索　　引　137

IV

≪略語一覧≫

ACCA	Association of Chartered Certified Accountant	英国勅許会計士協会
ADB	Asian Development Bank	アジア開発銀行
ASEAN	Association of South-East Asian Nations	東南アジア諸国連合
BSPP	Burma Socialist Programme Party	ビルマ社会主義計画党
CBM	Central Bank of Myanmar	ミャンマー中央銀行
CPA	Certified Public Accountant	公認会計士
EY	Ernst & Young Accounting Firm	アーンスト・アンド・ヤング会計事務所
FMI	First Myanmar Investment Co., Ltd.	ファースト・ミャンマー・インベストメント社
FPB	First Private Bank Limited	ファースト・プライベート銀行
GDP	Gross Domestic Product	国内総生産
IAS	International Accounting Standards	国際会計基準
IASB	International Accounting Standards Board	国際会計基準審議会
ICAEW	Institute of Chartered Accountants in England and Wales	イングランド・ウェールズ勅許会計士協会
IFAC	International Federation of Accountants	国際会計士連盟
IFRS	International Financial Reporting Standards	国際財務報告基準
IFRS for SMEs	International Financial Reporting for Standards Small and Medium-sized Enterprise	中小企業向け国際財務報告基準
IMF	International Monetary Fund	国際通貨基金
ISAs	International Standards on Auditing	国際監査基準
JETRO	Japan External Trade Organization	独立行政法人日本貿易振興機構
JICA	Japan International Cooperation Agency	独立行政法人国際協力機構
JICPA	Japanese Institute of Certified Public Accountant	日本公認会計士協会独立行政法人国際協力機構

略語一覧　V

LCCI	London Chamber of Commerce and Industry	ロンドン商工会議所
MAC	Myanmar Accounting Council	ミャンマー会計評議会
MAS	Myanmar Accounting Standards	ミャンマー会計基準
MBA	Master of Business Administration	経営学修士
MCB	Myanmar Citizens Bank Limited	ミャンマー・シティズン銀行
MeIE	Meiktila Institute of Economics	メイティラ経済大学
MFRS	Myanmar Financial Reporting Standards	ミャンマー財務報告基準
MICPA	Myanmar Institute of Certified Public Accountants	ミャンマー公認会計士協会
MMF	Moving Myanmar Forward	ムービングミャンマーフォワード社
MoIE	Monywa Institute of Economics	モンユア経済大学
MPT	Myanmar Posts & Telecommunications	ミャンマー国営郵便・電気通信公社
MSA	Myanmar Standards on Auditing	ミャンマー監査基準
MSEC	Myanmar Securities Exchange Centre	ミャンマー証券取引センター
MTSH	Myanmar Thilawa SEZ Holdings Public Limited	ミャンマー・ティラワSEZホールディング
MUFG	Mitsubishi UFJ Financial Group, Inc.	株式会社三菱UFJフィナンシャル・グループ
NLD	National League for Democracy	国民民主連盟
PwC	Price water house Coopers Accounting Firm	プライスウォーターハウスクーパース会計事務所
SECM	Securities Exchange Commission of Myanmar	ミャンマー証券取引委員会
SME	Small and Medium-sized Enterprise	中小企業
TKC	TKC Corporation	株式会社TKC
TMH	TMH Telecom Public Company Limited	TMHテレコム・パブリック社
UMFCCI	Union of Myanmar Federation of Chambers of Commerce and Industry	ミャンマー商工会議所連盟
USDP	Union Solidarity and Development Party	連邦団体発展党

UMFCCI	Union of Myanmar Federation of Chambers of Commerce and Industry	ミャンマー商工会議所連盟
VASB	Vietnam Accounting Standards Board	ベトナム会計基準審議会
WB	World Bank	世界銀行
WBG	World Bank Group	世界銀行グループ
YUE	Yangon University of Economics	ヤンゴン経済大学

序　章

研究の目的と本書の構成

1　研究の目的

　本書の目的は，ミャンマーの会計・監査実務の現状調査を行い，問題点およびその原因を明らかにすることにある。ミャンマーを対象とする意義は以下によるものである。

① 過去において，ミャンマーの会計・監査実務を扱ったアカデミックな研究がほとんど存在しないので，開発途上国に関する会計研究の空白法域の研究を追加すること

② 開発途上国のIAS/IFRS（国際会計基準／国際財務報告基準）導入において，特定法域のIAS/IFRS導入の動機と導入された会計・監査基準の無機能化の原因に関する先行研究に，ミャンマーの事例を追加すること

③ 国際会計研究において，「特定の政治体制と会計との関係」を扱う研究は少ないが，ミャンマーは政治体制の転換と会計との関係を分析する上で貴重な材料を提供してくれること

　まず，ミャンマーの会計監査実務に関する研究は，後に詳述するように，極めて少なく，他の目的からミャンマーに関する先行研究を参照することも困難となっている。多数の開発途上国を扱った研究においても，ミャンマーへの言及はないか，あっても，数行に限定されている。いわば，ミャンマーは，開発

途上会計という国際会計研究の領域における空白地域となっており，本書の貢献が期待できる。

次に，ミャンマーは，国家として，1999年に当時のIASをミャンマー会計基準（以下，MASという）として導入したが，その後のIASの新設改廃をMASに反映していない。また，2009年に当時のIFRSをミャンマー財務報告基準（以下，MFRSという）として導入したが，やはり，その後のIFRSの新設改廃をMFRSに反映していない。また，これらのMAS/MFRSに基づく財務諸表は，会計実務においてほとんど作成されていない。このような事態を外部から導入された会計基準の無機能化ということにする。

さらに，2009年以降，任意で純粋なIFRSの使用も認められているが，IFRSに基づく財務諸表を作成している会社は数社しかないという状態である。他の開発途上国のIAS/IFRS導入に関する先行研究には，IAS/IFRSを導入した開発途上国に共通する条件として，4～5つの条件が析出されているが，その中の1つ（全著者が共通して指摘している条件）は，会計高等教育の水準の高さ[1]である（後に詳述するように，ミャンマーは他の条件をある程度，満たしている）。ミャンマーについて会計高等教育や会計専門職教育がどのような状況にあるかを調査することは，上記の先行研究の普遍性に関する貢献となる。

こう考えた筆者は，本目的を達成するために，ミャンマーの会計に関する希少な文献，国際機関による高等教育一般および会計・監査制度に関する調査に加えて，ミャンマーの会計・監査実務に関する訪問面接調査を実施した。また，当時のヤンゴン証券取引所上場企業4社（現在の上場企業は5社）に対しては，質問票調査[2]も行っている。当該研究方法を採用したのは，ミャンマーにおいて約50年続いた軍事政権（旧軍事政権［1962年～1988年］および新軍事政権［1988

1　先行研究のほとんどは，導入されたIAS/IFRSが無機能化している法域を調べてみると，会計教育の水準が低かったという研究ではなく，IAS/IFRSを導入している開発途上国を調べてみると，導入していない開発途上の法域よりも会計教育の水準が相対的に低いことがわかったということである。本稿の事例は，この前者にあたるものであり，前例はほとんどないと思われる。

年～2011年]）で会計研究が軽視され，いまだ十分な先行研究の蓄積がないばかりか，外部からアクセス可能な過去の必要資料・データ等もほとんどないためである。筆者の調査した限りでは，ミャンマーの研究者が行っている会計や監査に係るアカデミックな研究は2件しか見つからなかった。これは，ミャンマーにおける大学教員が，その階位にかかわらず教育に専念していること（研究は義務づけられておらず，評価の対象にもならないこと），および，現政権の不安定性や軍事政権への回帰の可能性を鑑みてか，政府の政策評価に言及したがらない傾向が強いということにも起因している。このように情報入手に大きな制約があり，研究自体が未成熟の段階では，現地での訪問面接調査が現状把握のための有効な手段となると考えられる。

　訪問面接調査では，調査対象を多様化するという意味で「トライアンギュレーション」を意識して，ミャンマーの財務諸表の作成者（経営者），公認会計士，資本市場関係者，大学の会計関連科目担当の教員と現地の日本のカウンターパートを調査対象とした。調査方法としては，長い軍事独裁政権の言論統制下にあったせいか，調査対象者の警戒心が強く，政策評価に関係する質問にはなかなか答えてもらえないことから，前半の調査（2013年2月，5月，7月および9月，2014年6月および10月，ならびに2015年4月および7月）においては，「非構造化方式」を採用し，後半の調査（2016年3月および12月）においては，「半構造化方式」を採用した。29組織，延べ74人に面接を行っている。また，関係者ごとに，全体を見渡すことのできる，また政策への影響力のある人の意見を聞くために，可能な限り「エリート調査」に務めた。

　本書は，ミャンマーの単一事例研究であり，ミャンマー固有のコンテクストの中でミャンマー独自の問題を考察することに主眼を置いている。そのため，比較等によるミャンマー会計の普遍化を直接の目的とはしていない。

2　2016年12月に実施して，4社から回答を得たが，4社ともに記述は非常に少ない。訪問面接調査と質問票調査の研究上のメリットとデメリットに関しては，佐藤［2016］を参照。

4

　なお，本文において，参考文献からの引用・参考文献に依拠した記述と訪問面接調査・質問票調査によって得た知見とを区別するために，後者については，イタリック体（斜体）表記にしている。以後，参考文献からの引用・参考については，通常の「××［2013b］」のように記載し，訪問面接調査による場合には，「×× *[2013a]*」のように記載することとする。なおイタリック体でのa，b，c……は，訪問面接調査の時系列を示している。

2　本書の構成

　本書では，ミャンマーにおける会計・監査実務を議論の中心とし，これらを歴史的に検証して論点を整理した上で，訪問面接調査および質問票調査の結果に基づく検討を加えていきたい。そして，それらを基軸に，IAS/IFRSがミャンマーの会計・監査実務に導入されるという局面において，もともと予定されていたようにはほとんど機能しなかったこと（無機能化現象）について，その状況と原因を分析する。具体的な議論の展開は，以下のとおりである。

　まず，第1章「先行研究のサーベイ」においては，会計・監査制度および実務と，会計教育という2つの観点から，ミャンマーおよびミャンマーと類似した環境下の諸外国に係る先行研究を概観し整理している。本書ではミャンマーの会計に関する研究がごくわずかであるという状況を鑑みて，ミャンマーに共通する環境要因を有している法域に係る先行研究をサーベイの対象に含めている。

　次いで，第2章では，ミャンマー会計の歴史と背景について確認している。会計制度の推移と現状の把握のため，ミャンマーの政治・経済の歴史と照らし合わせて会計制度改革を概観しているが，それは，ミャンマーの会計制度の長期にわたる膠着状態が政治・経済（とりわけ政治体制）から強く影響を受けたためである。併せて，新・旧軍事政権下において会計高等教育が軽視されてきた点についても言及している。

　また，第3章，第4章は，ミャンマーで実施した訪問面接調査と質問票調

査³の結果と考察を示している。

　まず，第3章においては，リサーチ・デザインを提示した上で，現地で行った訪問面接調査（一部は，2018年6月においてメールによる問い合わせを行った）とヤンゴン証券取引所上場企業4社に対する質問票調査の結果の概要を示した。調査からは，ミャンマーにおける会計・監査実務の問題点が浮き彫りとなった。

　次に，第4章では，会計インフラの未整備および会計高等教育（大学での会計関連科目の教育）の欠如に係る3つの仮説を立て，当該問題点の分析と原因の探究を試みている。その結果，ミャンマーの会計・監査実務に関する深刻な現状をもたらした原因は，会計インフラを機能させるための「インフラ」としての会計高等教育が全般的に欠如している点にあることが明らかとなった。本書では，この原因として，長きにわたる旧軍事政権および新軍事政権時代下での会計高等教育の荒廃が存在することを指摘する。

　第5章では，ミャンマーの会計高等教育改革と今後の方向性を論じている。問題点の指摘にとどまらず，その解決の方途，考え方を論じている。

　最後に，終章にては，それまでの議論を取りまとめた上で，本書の貢献と限界および今後の課題について述べる。

3　数回訪問して親しくなると，会って話す際には，たくさんのことを語ってくれる訪問面接調査の対象者たちも，文章での回答を依頼すると，ほとんど記入してもらえない。自分で記入した紙媒体での記録が残ることに警戒心があると感じた。質問票調査の成果は，上場企業4社全社が上場の目的を会社の名前を高めるためと回答しており（他方，資金調達のためとの回答は2社であったことである［複数回答を認めている］）。つまり，資金調達の必要によって上場したわけではないことである。

第1章

先行研究のサーベイ[1]

1　ミャンマーに係る先行研究

（1）ミャンマー国内における研究

　新軍事政権における思想統制等のため研究や教育が軽視・弾圧されたことにより（増田［2010］13頁），ミャンマーの研究者の手によるミャンマー会計に関するアカデミックな会計研究はほとんど行われていない（YUE［2016a］）。また，ミャンマーでは，大学の教員は研究者として位置づけられておらず，研究業績は教員評価の尺度ではない（YUE［2016b］，ADB［2013］p.10）。

　数少ない研究の1つである，Thein［1998］は，「ミャンマーにおいて，会計研究はこれからのこと」（p.34）と述べており，1998年当時，少なくとも会計研究が活発ではなかったことを示している。また，ADB［2013］も，「ミャンマーにおいて，アカデミックな研究はほとんどない」（p.10）と述べている。筆者の調査でも，ミャンマーの研究者によるミャンマー会計に関する研究は1998年以前の会計教育について紹介したThein［1998］と，後述するロンドン商工会議所主催の簿記検定試験（以下，LCCIという）について調査したKhine［2010］[2]

1　徳賀［2018］の先行研究のレビューに多くを依拠している。
2　Khine［2010］は，YUEの修士論文である。YUEの過去の修士論文の全タイトルを調べたが，会計・監査に関するものは本論文のみであった。

8

しか見つけることができなかった[3]。

　加えて，国外の研究者による研究もごくわずかである。これは，会社法，証券取引法，税法，会計基準等の過去における会計関連法規等の入手困難性によるだけでなく，政府の企業統計等および企業の開示情報も少なく，また上場5社以外に開示が求められている会社（株主が100名以上）が30社あるものの，2017年6月末現在，18社のみが企業状況の開示を行っているに過ぎない（金融庁［2017］[4]）という点が原因だと考えられる。そこで，本章ではミャンマーと他国との比較といった形で，文献の一部においてのみミャンマーに言及しているものも含めて，広く先行研究のサーベイを行うこととする。

　まず，上述のThein［1998］は，ミャンマーの英国からの独立（1948年）前後から新軍事政権の前半（～1998年）までの，ミャンマーにおける簿記教育，会計高等教育（大学）および会計専門職教育について紹介したものである。

　その貢献は，ミャンマーの旧軍事政権（1962年～1988年）と新軍事政権下（1988年～2011年［Theinでは1998年までを扱っている］）で，大学教育において会計関連科目が軽視され（第2章にて詳述），英国の影響下で，1962年まではある程度は定着しつつあった公認会計士制度が廃れていった理由（その結果，現在も高度会計人材が育っていない理由）を明らかにしていることである。

　また，Thein［1998］は，1998年当時のミャンマーにおける会計高等教育の問題点（ミャンマーで書かれた会計学のテキストがなく，外国のテキストは高価で入手困難であり，図書館も学生に書籍を提供していない。コンピューターはほとん

3　これらの他に，Thein［2014］は，1998年10月25-28日にハワイで開催された第10回アジア・パシフィック国際会計会議の会計教育のセッションにおける，アサンプション大学（タイ）のU Myint Thein講師（それ以前に，YUEに勤務していたとの記載があり，氏名からもミャンマー人と推定される）による報告用ペーパーである。必ずしも学術研究論文としての条件を満たしているとは言えないが，ミャンマーにおける当時の会計高等教育と専門職教育の状況と課題について貴重な情報を提供している。

4　ミャンマーでは，日本の金融庁が証券関係法策定や証券行政運営の協力をしている。

ど使用できない。講義は英語で行われているが，学生および教員の英語能力には問題がある）を指摘している。

次に，Khine［2010］は，当時のヤンゴン市内の簿記専門学校における簿記教育について調査を行っている。教育の内容は，LCCIの簿記検定試験のための受験教育である。この簿記資格は，就職において有利となることから，当時，年間12,000人程度の受講者が存在していたが，当時の企業からの需要すら満たすことはできていなかったとの指摘を行っている。

（2）ミャンマー以外における研究

多数の開発途上国を扱い，その中にミャンマーが含まれている論文の中で，会計・監査実務に関係のある論文としては，Saudagaran & Diga［1998］，Zeghal & Mhedhbi［2006］，Judge *et al.*［2010］等がある。その他，必ずしも学術的なものではないが，世界銀行（以下，WBという）が途上国の会計制度調査の一環としてミャンマーの会計・監査制度・実務に関する調査・紹介を行っている（WBG［2017］）。WBG［2017］では，ミャンマーにおける法的枠組みや会計基準および監査基準の内容が示されており，MFRSやミャンマー監査基準（以下，MSAという）[5]について紹介されているほか，上場企業3社についても併せて概要が示されている。また，ミャンマーの高等教育一般に関するアジア開発銀行（以下，ADBという）による調査報告書（ADB［2013］）等も公表されている。

その他に，近年，ミャンマーの投資ガイドといった，ミャンマーに進出する企業のためのガイドブックがかなりの数，出版されている。国際的監査法人を中心に，英語の出版物として，EY［2017］，PwC［2014］・［2017］等があり，日本語の出版物でも，KPMG［2012］，PwC［2012］・［2017］，甲斐［2018］，湯川［2018］等がある。これらにおいては，主にミャンマーの投資環境，税制や投資規制等についての解説がなされており，会計・監査制度についてもわず

5　MSAは，ISAを自国の基準として採用する形で2010年に制定された。

かながら付言されている。

2　類似した環境下の諸外国に係る先行研究

　本書は，比較による固有化や普遍化を追求するものではないので，ミャンマー以外の国を対象とした研究を先行研究として取り上げる必要は必ずしもないかもしれない。しかし，前節にて示したように，ミャンマーの会計，とりわけ，会計・監査実務の現状に関する学術的調査・研究は蓄積が必ずしも十分ではない。通常，特定の研究が希少である場合，①研究対象として学術的な意味が小さい，および／または，②研究が困難である場合が多い（徳賀［2018］11頁）。

　まず，そもそも財務会計研究は先進国の制度・実務の研究に集中しており，開発途上国の研究は，先進国の視点から開発途上国の会計法規・会計教育制度の整備を論ずる国際会計研究，および開発途上国へのIFRS導入の影響の研究に集中している。さらに，開発途上国を研究対象として選ぶとしても，どの法域を研究対象として選ぶかは，前記②の条件に大きく規定されている。当然，必要な情報の入手が困難な開発途上国における研究は，回避される傾向にある。

　ミャンマーの会計研究に関しては，先行研究がほとんどなく，過去の会計制度に関する情報も企業の会計情報も極めて入手困難であり，調査・研究が困難であるため，開発途上国のケースとして取り上げにくく，また本書のような問題提起をしないならば，あえてミャンマーを研究対象に選ぶ必要はない。

　こうした理由から，ミャンマーのおかれている政治・経済の特徴に基づいてミャンマーとの共通性を判断規準として，先行研究の範囲を拡張する。具体的には，ミャンマーと一部共通性を有する対象（国々）について，（1）開発途上国，（2）移行経済国および，（3）ASEANという3つの分類により先行研究の整理を行う。

（1）開発途上国

　近年，開発途上国一般に共通する会計問題としては，IAS/IFRSの適用に関する問題が最も多く取り上げられている。中でも，IFRSの変質・無機能化を指摘する研究（Nobes［2011］）が散見されるが，それらの研究方法としては単一事例研究（一法域に限定した事例研究）が多い。谷口・徳賀［2018］を参考にして，2005年以降の研究に絞り，さらに本書の研究主題である，会計高等教育に関する研究を取り上げる。

①　IFRSが世界的に普及する2005年以降

　IFRSの普及以降（2005年以降）に絞って，開発途上国における会計を扱っている先行研究をレビューする。多くの研究者の関心は，IFRSを導入した開発途上国に共通の環境要因の析出に向けられており，「××国の会計高等教育」のように主題を絞った研究は希少である。そのような中で開発途上国の会計教育を主題とした研究としては，Gyasi［2009］，およびSaito *et al.*［2012］を挙げることができる。

　まず，Gyasi［2009］は，ガーナのケースを取り上げて，開発途上国では，会計学を教える教育機関のための資金も，優れた教師も，教材も不足しており，会計専門職の訓練・教育のためのシステムも構築されていないという。この指摘は，Enthovenの一連の研究の結果と符合しており，後に詳述するミャンマーのケースとも共通するものである。

　次に，Saito *et al.*［2012］は，インドネシアにおけるIFRSを前提とした会計教育の現状と課題について，12の大学の教員に対する質問票調査と訪問面接調査によって，分析を行った。インドネシアでは，2012年に自国基準とIFRSとのコンバージェンスを終了している。Saito *et al.*［2012］によれば，3大学では，2009年以降，すでにIFRS対応のカリキュラムに変更しているが，他の大学では対応が遅れているという。Saito *et al.*［2012］は，インドネシアのシングル・ケースとしての研究であり，本研究とは対象も異なっているが，2012

年のIFRS実施案がインドネシアにおける大学の会計教育（カリキュラムや教材）にほとんど影響を与えなかったことを指摘している。つまり，開発途上国では「政府の決定」（さらに罰則を伴う強制）がなければ，会計実務のみならず，会計教育も変化しにくいということを示唆している。この点はミャンマーを題材とした本研究にとっても示唆に富むものとなっているといえる。

② IAS/IFRSの採用と会計教育および開発途上国における会計基準の機能

先進資本主義国と環境要因が大きく異なる開発途上国において，同じ会計基準が同じように機能しうるのか，および会計教育がIFRSのアドプションとどのような関係にあるのかを調査した本書の主題に直接に関連する研究として，Zeghal & Mhedhbi [2006]，Hassan [2008]，Al-Akra [2009]，Türel [2009]，Judge *et al.* [2010]，Elbannan [2011]，Liu *et al.* [2011]，Gordon [2012]，Ismail & Kamarudin [2013]，Zehri & Abdelbaki [2013]，Samaha & Khlif [2016]，Burlaud [2017] 等を挙げることができよう。

彼らの論点は多岐にわたっているが，本書との関連で包括的に述べれば，次の5点にまとめることができる。

① IAS/IFRSを導入した途上国の客観的状況
② IAS/IFRSを導入した途上国政府の動機
③ 当該法域における企業が導入されたIAS/IFRSに準拠する積極的動機
④ 上述の②③と密接な関係があるが，当該法域政府の規制とエンフォースメントに対する姿勢
⑤ IAS/IFRS採用の経済的帰結

まず，①に関しては，Zeghal & Mhedhbi [2006]，Judge *et al.* [2010] [6]，およびZehri & Abdelbaki [2013] 等は，IFRSを採用した開発途上国に共通する環境要因の析出を試みた研究であり，(a)資本市場を有しており，(b)高い教育の水準を持ち，(c)高い経済成長を達成している，および(d)法制度として，判例法を採用していることが共通しているとの指摘を行っている。これらの指摘は，

経済成長のレベルが主要な決定要因の1つである点では，Larson［1993］，Zeghal & Mhedhbi［2006］，Al-Akra［2009］等の先行研究の結論とも一致している。

また，Burlaud［2017］は，フランス語圏アフリカ諸国の公的セクターに関して，IFACの依頼によって，公会計と公認会計士制度に関する調査を行ったものである。Burlaud［2017］では，会計リテラシーや内部統制等について訪問面接調査を行った結果，会計・監査の教育の欠如が深刻であることについての指摘がなされている。

以上の研究が，いずれも高等教育一般および会計専門職教育の水準の高さを，開発途上国がIFRSを採用する際の共通の条件として指摘している。このことは，本書の研究主題にとって重要な意味を持っている。

（2）移行経済国

移行経済国に係る先行研究は，特に社会主義体制から資本主義体制への移行を行った東欧諸国に集中している。たとえば，Gartin et al.［2009］は，東欧諸国の資本主義体制への移行と財務報告との関係を研究している。この研究領域では，ポーランドが成功例としてしばしば取り上げられているが，むしろ，ルーマニアの失敗例からその原因を探ってみたい。

Albu et al.［2011］およびAlbu et al.［2014］は，ルーマニアに関する事例研究であり，軍事独裁政権から民主的政権への移行という点でも，また単一事例研究という点でも本稿との共通性が高い[7]。

ルーマニアにおいては，軍事政権から民主的政権への移行による会計の変化

6　Judge et al.［2010］は，開発途上国，移行経済国，および先進国，132ヵ国を対象として，どのような環境要因が，IFRSの採用の程度を予測させるかを経験的に調査している。その結果，IFRS採用を客観的に説明する変数（環境要因）は，①資本市場の大きさ，②GDPの成長率，③教育の水準，であることを指摘している。上記の他の3つの共通条件と比べて，④対外支援および⑤輸入品浸透度という国際関係に関わる条件が加わっている。

が観察されている。主に，Albu *et al.* [2011] およびAlbu *et al.* [2014] に依拠して紹介しておきたい。

ソ連型社会主義体制下では，会計は計画経済における国家の中央組織のニーズを満たす手段であって企業経営者のものではない。ソ連型社会主義体制においては財務諸表よりも会計記録が重要と考えられる上に（Nobes and Parker [2008] p.246)，会計情報は公開されない（Albu *et al.* [2014] p.492)。それゆえ旧軍事政権下におけるルーマニアの会計教育において，大学における会計関連科目は，簿記に限定されており（Albu *et al.* [2011] p.164, Albu *et al.* [2014] p.492)，会計学原理のような会計思想や原理を教えることが回避されていた。ルーマニアでは，その後，民主化革命を経て，EUに加盟し，IFRSが強制適用された。しかし，人々が資本市場の意味を理解していない状況において，資本市場志向の強いIFRSを会計実務へ浸透させることは困難であったことが指摘されている（Albu *et al.* [2011] Albu *et al.* [2014])。

ルーマニアの会計制度改革は，他の会計関連諸制度も同時に同一方向に改革するという急進主義的改革であった。まずフランス型モデルを採用し，次にアングロサクソン型モデルに変更し，EU加盟によりIFRS採用というステップが短期間で推し進められたため，人々の意識がついて行けず，当初は導入されたIFRSへも非準拠企業が多かったという（Albu *et al.* [2011])。

移行期のルーマニアとポーランドとの比較を行ったMacLullich & Gurău [2004] も，1990年代の改革の期間において，すでに市場経済を支持する資本主義的な原則や考え方の周知が行われていたポーランドでは，移行直前まで強い国家統制と官僚制の下に置かれていたルーマニアと比べて，EU指令やIASを容易に受け入れることができたことを指摘している。

また，ハンガリーの事例を扱ったAmbrus and Borbely [2015] やポーランドとルーマニアの会計制度改革のケースを取り上げたMacLullich and Gurău

---

7　C. N. Albu教授とN. Albu教授のお二人とは，3日間にわたって京都大学で意見交換をする機会を得て，多くの知見を得ることができた。記して感謝の意を表する。

［2004］もある。MacLullich and Gurău［2004］では，漸進主義を採ったポーランドの成功と二段階の急進主義的移行を採ったルーマニアの失敗について触れている[8]。

　移行経済国の先行研究として，社会主義体制から社会主義市場経済への移行を含めるならば，中国とベトナムに関する先行研究は多く存在する。中国もベトナムも，資本市場の存在を前提としない旧ソビエト型社会主義ではなく，いわゆる社会主義市場経済であるため，ミャンマーのベンチマークとして論ずることは難しい。しかし，ASEAN諸国のメンバーであるベトナムについては，次の（3）にも関連することから，以下に若干付言することとする。

　ベトナムは，ASEANのメンバーとして，社会主義の制度的基盤を堅持しながら市場経済化を進めてきた。共産党一党独裁体制が現在も堅持され，経済改革手法も試行錯誤の性格が強く，計画と市場の共存が長いことも特徴である（トラン・ヴァン・トゥ［2010］）。ベトナムの資本市場政策の成功は，ミャンマーと異なり，ソビエト型の資本市場を否定する社会主義ではなく，中国に倣い，社会主義市場経済（資料7 に詳述）を目指してきたことによる（堀江［2018］1頁）。全般的にいえるのは，ベトナムの市場移行は，中国同様に漸進主義的であるということである。

　Phan *et al.*［2018］によると，ベトナムでは，会計専門職やその専門団体の発展が，中央計画経済から市場経済への移行に寄与し国際的な商取引やIFRSコンバージェンスへの動きに貢献したという。ベトナム会計基準は，1999年に発足したベトナム会計基準制定委員会により，その当時のIFRS，国際会計基準（IAS）をベースにベトナムの慣習を加味し作成されたものである。両者は類似しているが，金融商品会計，退職給付会計，減損会計，資産除去債務等について，ベトナム会計基準では整備されておらず，結果としてこれらが両者の相違点になっている。

8　成否の原因は，改革の方法のみでなく，強い中央集権体制を敷いたルーマニアとある程度地方の自律性を残したポーランドでは，資本主義体制の受け入れに差があったものと予想される。

補論：漸進主義か急進主義（ビッグバン型）か

　世界銀行の『世界開発報告 1996』では，計画経済から市場経済の体制転換を総点検している。欧州復興開発銀行（EBRD）の「Transition Report 1999」は，体制移行の26ヵ国と東アジア3ヵ国（中国，ベトナム，モンゴル）の29ヵ国が最近までの移行経済国としており，その次にミャンマーが挙げられる。

　『世界開発報告　1996』の副題のように「計画経済から市場経済へ」であるべきであるが，中国，ベトナムは社会主義政権下で市場経済を推進するという矛盾を包含した体制が形成されている。市場経済への移行手段は分かれるにせよ，市場親和的な制度を樹立して移行を不可避的なものに目的がある（鐘非[2001]）。また鐘非は，中国，ベトナムのような一党独裁の政治体制下における漸進主義的改革の経済的帰結の重要さを説く。

　North[1990]は，制度と組織は，ゲームのルールと参加者であり，組織間競争が制度進化の鍵を握るという。市場親和的な制度の構築には，抜本的な構造改革の着実な実行が求められる。

　鐘非は，漸進主義の成功者と言われる中国について，改革・開放以来高成長を実現しているが，市場親和的諸制度の欠如や民主主義的政治体制の未確立など移行プロセスは決して包括的でないと指摘している。また大きな制度的欠陥と隣り合わせにしている高成長は移行経済の健全な姿として賞賛されるべきかという極めて重大な疑問が残っているとまで言っている。これによる漸進主義優位論に大いに疑問を呈している。ビッグバン精神こそ市場経済への移行を支える精神的支柱と言い切る。

　漸進主義擁護論については，Mussa[1978,1982,1984]は，付加的な市場の不完全さに由来する社会的調整コストに着目したセカンド・ベストの政策という。やはり移行に関しては効率促進的というビッグバン精神の重要さが，移行の本質である。本来の漸進主義擁護論の矛先は，ビッグバン精神ではなく，移行・改革の具体的プロセスに向けられるべきである。敗者による抵抗が遅延を生じさせることから漸進主義が容認されることになる。

　中国型漸進主義擁護論（ベトナムも含めて）については，市場親和的な諸制度の代わりに移行期制度が機能しており，現制度が将来の制度や

経済発展に繋がるという楽観論から招来していると指摘している。中国，ベトナムの市場経済への移行は，移行・改革のプロセスにあって社会主義と市場経済という相矛盾する制度の構築は，これをもって完了するのではなく矛盾を包含した移行プロセスにあると思料できる。

（3）ASEAN

ASEANついては，ミャンマー，カンボジア，ラオスを除けば，膨大な調査・研究が存在する。特徴的なのは，日本の政府関係機関や日本の研究者による調査報告書が多いことである。

ASEAN全体の比較調査としては，中小企業基盤整備機構［2006］やMizunoura［2016］があるが，ミャンマーについての記述はほとんどない。河﨑［2016］もASEANにおける中小企業の会計実務を詳細に調査しているが，ミャンマーについては除外されている（**資料8**を参照）。

ASEAN加盟国のシングルケース調査については，インドネシアの会計制度および会計教育を調査した平松他［1998］や齋藤他［2015］がある。平松他［1998］では，インドネシアの会計制度・大学における会計教育・会計専門職教育について詳細な紹介がなされている。齋藤他［2015］では，インドネシアにおける会計教育の現場にメスを入れた興味深い研究がなされている。ASEAN諸国に対する調査・研究は，会計実務の実態を紹介してはいるが，ミャンマーについての言及はほとんど見当たらなかった。

第**2**章

ミャンマー会計の歴史と背景

1　政治・経済的背景

　会計制度の推移と現状の把握のため，まずはミャンマーの政治・経済の歴史と照らし合わせて会計制度改革を概観する。先述したように，ミャンマーの会計制度は政治・経済（とりわけ政治体制）から強く影響を受けており，ミャンマーの政治・経済の歴史と会計制度の歴史を併せて整理しておくことは有益だと考えられる。**図表2-1**は，ミャンマーにおける主な政治経済事象と会計制度改革の歴史を示している。

　ミャンマー（当時はビルマと呼ばれた）は，三度にわたる英緬戦争の結果，1886年以降，英領インドに併合され，英国の植民地となったが，アウン・サン（Aung San）等の活躍により，1943年に英国から独立し，1948年に共和制の国家となる（桐生［1979］）。

　その後，政情の不安定さと軍の台頭により，クーデターが起こり，1962年以降，ミャンマーは「ビルマ式社会主義」といわれる仏教思想をベースにした社会主義を標榜し，軍の力を背景とした「ビルマ社会主義計画党」の一党独裁支配となった（桐生［1979］）。これを旧軍事政権と呼ぶことにする。

　1988年には，長引く経済停滞により国民の不満が爆発し，全国規模の民主化運動が勃発した。それを受けて当時のネー・ウィン党総裁が辞職したが，国民の不満は収まらず，暴徒化した国民によるクーデターによって，26年間続いた

[図表2-1] ミャンマーにおける会計の歴史—会計制度改革—

	政治経済事象	会計制度改革	備　考
1913年		インド会社法の継受	その後，100年にわたってマイナーな改正のみで存続
1948年	英国から独立		
1950年		会社法の改定	
1962年	ネー・ウィン氏による軍事クーデターにより，軍事政権の発足（社会主義政権）		
1988年	全国規模の民主化運動の結果，ネー・ウィン政権が崩壊 ソウ・マウン政権の発足（軍事政権）		
2008年	新憲法についての国民投票（可決）		
2010年	新憲法の下で総選挙		
2011年	ティン・セイン氏が大統領に就任		
2013年	中央銀行法の制定		
2013年		証券取引法の制定	証券取引所開設のための立法
2014年		会社法の改正	
2015年	総選挙でNLDが圧勝		
2015年		MAC（Myanmar Accounting Council）法の制定	会計基準設定主体であり，MICPAも管轄
2016年		ヤンゴン証券取引所の開所	日本政府，日本証券取引所グループ，および大和証券の支援により開所
2016年	NLDのティン・チョー氏を大統領に選出		
2016年		金融機関法の制定	
2017年		会社法の大幅改正	

ネー・ウィン政権（**資料6**を参照）が崩壊した（工藤編［2012］76頁）。

　ところが，その後のソウ・マウン政権も軍事独裁政権の継続であった。これを新軍事政権と呼ぶことにする。ソウ・マウンも民主化運動の弾圧を行い，多数の民主化運動家を入監させ，アウン・サン・スーチーを自宅監禁した（根本［2014］348頁）。米国を中心とした欧米諸国は，1997年以降，新軍事政権の民主化弾圧と人権侵害に対して，広範囲に及ぶ厳しい経済制裁（これに歩調を合わせて，IMFとWBも1988年以降，2018年まで融資を停止している）を課したため，ミャンマーの経済はさらに停滞した（根本［2014］348頁）。

　2007年に首相となったテイン・セインは，2011年に大統領となり民主化へも貢献した。2010年に，2008年新憲法に基づき総選挙が行われたが，アウン・サン・スーチー率いる国民民主連盟（以下，NLDという）は選挙をボイコットした（工藤［2011］）。これは，2008年憲法が非民主的であること，受刑中のアウン・サン・スーチーを除籍しなければいけないことなどを理由とするものであったが，結果として総選挙は連邦団体発展党（以下，USDPという）が1,154議席中883議席を獲得するという圧勝で終わった（工藤［2012］41〜50頁）。2011年1月31日に議会運営がスタートしたが，欧米諸国を中心とする国際社会は，当該議会運営を国軍の国政参加を合法化するものとの評価を下した（工藤［2012］41-50頁）。

　そのような中で2011年3月30日に大統領になったのが，テイン・セインであった。テイン・セインは，新政権発足時の施政方針演説において，「新政権の最重要課題は，良い統治と汚職のない政府を作るために働くことである」と述べている（工藤［2011］）。ところが，テイン・セインは，軍政統治の成果に基づきつつ，強権的統治の副作用として発生した諸問題の解決に取り組むために軍政が描いた大きなシナリオの一環として政治を進めていたとされている（工藤［2012］333頁）。

　新軍事政権の末期からは，ミャンマー経済は成長を続け，リーマンショックの際には一時停滞したものの，2012年以降はさらに急成長を遂げた。第1章にて述べたとおり，2014年には中国やASEAN諸国を上回る経済成長率となり，

アジア一の成長を示した（堀江［2015］1頁）。その後，本格的民主政権樹立を目指し，2015年11月に再び総選挙が行われた。当該総選挙で大勝したのがNLDである。翌年には新政権が発足し，それを受けて欧米の経済制裁は2012年〜2013年の間にほぼ解除された（WBG［2017］）。

　現在のミャンマー資本市場（資料12を参照）においては，5社が上場を果たしている。新軍事政権は，ある程度市場経済を志向し外資の導入策を講じたが，欧米の経済制裁を受けるなど経済的に孤立した。IMFとWBも，1988年の新軍事政権成立以降（民主化運動弾圧以降），30年にわたって融資を行っていない[1]（IMF［2018］）。しかし，2011年のテイン・セイン政権成立以降は制度改革が進められ，2013年には日本の協力で「証券取引法」が制定されたほか，2015年10月には，日本政府，日本取引所グループ，大和総研の支援でヤンゴン証券取引所[2]が創設された。また，2017年には，日本金融庁の全面的な協力により，オーストラリア会社法に近い内容の「新会社法」が制定されている（堤［2018］）。なお，同年には日本のメガバンク3行（三菱東京UFJ銀行（当時），三井住友銀行，みずほ銀行）も外国銀行として認可を受けている。

2　ミャンマーにおける会計の歴史

　近代的な会計の起源をみると，それは1852年の第2次英緬戦争で英国の統治下となった時代にまで遡る。コンバウン王朝（資料5を参照）最後のテイボー王は1886年の第3次英緬戦争で英国に降伏し，ミャンマー全土はインドの一州として英国の植民地となった（根本［2014］71頁）。そして，英国の会社法改正

1　IMFによれば，IMFおよびWBによるミャンマーへの融資は2018年以降に再開される見通しである。また，WBも同年以降，ミャンマーの会計実務改革への協力を始める予定である（IMF［2018］）。

2　なお，英国統治時代から旧軍事政権までの間の1930年代から1941年および1950年代後半から1962年において，ヤンゴン（当時はラングーン）で，店頭取引のラングーン取引所が開設されていたが，1962年にネー・ウィン旧軍事政権により閉鎖された。そのため，ヤンゴン証券取引所の創設は従前より懸案事項とされていた。

を基礎とした1913年のインド会社法を受けた形で,「ミャンマー会社法」が制定され,英国会計の導入がなされた（Myanmar Insider［2014］）。

補論：ミャンマー会計の萌芽と英国会計

　ミャンマーの近代的な会計の起源を考える時,英国統治下の1913年に英国領インドの属州としてミャンマー（当時はビルマと呼ばれた）があったが,その時の「ミャンマー会社法」（インド会社法を継受）の影響は極めて大きい。ミャンマーの商行為全般を規定され,会計についても規定された。この会社法が大きな改正もせず現在まで使われてきた（WBG［2017］）。現在の会計高等教育や民間会計教育について英国会計の影響を色濃く受けている理由である。大学での教科書は,英国のICAEWによって作成されたものである（ヤンゴン経済大学［2016a］）し,民間に多数存在する会計学校でもLCCI簿記検定の資格取得をめざすよう受講者に教えている（ヤンゴン経済大学［2016a］）。

　このようにミャンマーの会計教育と専門職は英国植民地政策の遺産であった。（Thein［1999］）その後,二度にわたる軍事政権の誕生で,大きく会計も揺れ動くことになる。

　ミャンマーにおいて会計が規定されるようになったのは,1852年の第2次英緬戦争でビルマ全土が英国の統治下となった頃である。その後,コンバウン王朝最後のテイボー王は1886年の第3次英緬戦争で英国に降伏,ミャンマー全土はインドの属州となり,1937年4月まで継続する。この間,英国会計が浸透する。

　英国会計制度は,会社法（Companies Act）を中心に発展したが,会社法に最初に会計関係の規定が置かれたのは1844年会社法である。その後の1856年,1862年では,自由放任主義（レッセ・フェール）の台頭により,会計規定は任意規定となった時期があった。この時期には会計は法的規制の対象とならず,会社の自治の問題とされた。しかし企業倒産事件などを通して会社の存在が無視できなくなるにつけ,規制主義的思考が重視されるようになる。1900年強制監査の導入,1908年公開会社の情報開示の強制化など規制主義重視の立場は,その後も受け継がれることになる。

ミャンマーでは，インドの属州として，当時の英国会社法の影響強く
受けた法律が生まれたが，1947年から現在に至り，英国会社法の基本理
念となっている「真実かつ公正な概観」（true and fair view）が包括規
制として取り入れられている。財務報告制度でも，会社法が会計に関す
る大きな枠組みを規定し，会計基準が詳細かつ具体的に規定されるに
至っている。
　　しかし，会計における価値観（理念）は英国から継承されていない。
英国式の会計が入っても，英国流の「会計情報が投資意思決定目的に資
する」といった価値観は，ミャンマーでは現実味を持ちえない。ミャン
マーでは，日本政府の支援で証券取引所が創設されたことで，日本の証
券取引法をコンパクトにした証券取引法を導入した。現在では，英国流
の会社法と日本流の証券取引法が混在している。

　ミャンマー会社法においては，ミャンマーの商行為全般が規定されており，
会計についても規定されていた。この時期からミャンマー会計の萌芽が見られ
る。その後，1929年の英国会社法の改正を受け，インド会社法では1936年に改
正が行われたが，ミャンマーでは，限定的な改正が行われたに過ぎなかった。
このためミャンマーの現行会社法は，古い時代の英国会社法の要素を色濃く残
したままとなっており，この会社法が大きな改正もせず現在まで使われてきた
（WBG［2017］）。これが，ミャンマーの会計が英国会計の影響を強く受けてい
る理由である。
　なお，当該会社法は2017年12月に全面改訂され，新会社法が施行されている。
ただし，その後，英国からの独立（より正確に言えば，英国領インドからの独立）
後，社会主義軍事政権によって英国的な要素の廃止が行われたこともあり，単
純に，英国の影響下にあるとは言えない。
　このようにしてミャンマー会社法により会計に係る規定が確立したものの，
その後のミャンマーにおいて，資本市場の存在を前提とする財務会計は，2つ
の軍事政権下で長らく軽視されてきた。旧軍事政権と新軍事政権の約50年は，
形式上で2009年にIFRSを導入したことを除けば，「会計空白の50年」といって

も過言でない。

ミャンマーのビルマ型社会主義の資本市場に対する姿勢は，ソ連型社会主義と似通っている。ソ連型社会主義会計においては，会計は国民経済計算制度の一部として位置づけられるので，マクロ会計は重視されるようになる一方で，個々の企業の会計，つまりミクロ会計は軽視されるようになる（森［2002]）という先行研究の指摘があるが，ミャンマーの状況は当該指摘とも整合的である。

なお，ソ連型社会主義体制下では，会計は計画経済における国家の中央組織のニーズを満たす手段であって企業経営者のものではない。ソ連型社会主義体制下では財務諸表よりも会計記録が重要と考えられる上に（Nobes and Parker［2008] p.246)，会計情報は公開されないのである（Albu *et al.*［2014] p.492)[3]。

2010年，当時のIFRSをそのまま受け入れる形で，自国の会計基準としてMFRSが制定された[4]（**資料3**に詳述）。ミャンマーの会計基準設定主体は，政府管轄であるミャンマー会計評議会（以下，MACという）であるが，MACは，2003年～2004年にかけて，当時のIASに基づきMASの1号から30号を公表した（IFRS Foundation［2017]）。その後，MACはこのMASを廃止し，2010年に29の新しいMASとMFRSを会計基準として採用した（施行は2011年1月以降）。

MFRSと2010年当時のIFRSとは，細部では基準の内容に相違がみられるが，全体としては会計基準のナンバーまで同じであるほど類似したものであった。ただし，その後もIFRSの新設・改廃が行われているにもかかわらず，MFRSにおいてはそれらが反映されることのないまま，2010年当時のものが維持されている（WBG［2017]）。そして2015年，ミャンマー公認会計士協会（以下，

3　他方，中国が標榜する社会主義市場経済では，市場を通して社会主義を実現するという考えの下，資本市場は大きく成長を遂げており巨大化している。また，ベトナム社会主義共和国も同様の体制を選択しており，ホーチミン（2000年）とハノイ（2005年）に開設された証券取引所は拡大の一途を辿っている。

4　当時，IASBはミャンマーを「アドプション国」に分類していたが，現在では，「パーミッション国」に分類を変更している。なお，ミャンマーでは2009年当時からIFRSの採用も認められている。

MICPAという）を所管するMAC法が制定され，現在に至っている（WBG
[2017]）。

3　軍事政権下における会計高等教育の荒廃

　資本市場の存在を前提として発達してきた財務会計は，一般に軍事政権や社
会主義政権下では軽視される傾向にある。会計高等教育についても同様に軽視
されてきた。

　たとえばルーマニアにおいても，会計教育に関して同様の現象が観察されて
いる。現在の資本主義経済体制下のルーマニアでの会計高等教育では，資本市
場のインフラストラクチャーとしての会計の意義や考え方を教育することに主
眼が置かれるようになったものの，社会主義体制下では大学における会計関連
科目が簿記に限定されており，会計学原理のような会計思想や原理を教えるこ
とが回避されていた（Albu *et al.* [2011]，Albu *et al.* [2014]）。この点は，本章
にて論じたとおりである。

　ミャンマーでは，旧軍事政権・新軍事政権の50年以上の長い間，資本市場軽
視の政府が続いたが，特に新軍事政権が誕生する端緒となった1988年の民主化
デモへの対策として，政府は10年以上にわたり軍関係以外の大学を断続的に閉
鎖した（天内・北村 [2015]，上別府 [2014]）。そして大学の再開後も，デモの再
発がなされないよう，チームワーク力を養う教育や考えさせる教育を避けて
「受動的な学習」（暗記）を徹底させた（上別府 [2014]）。これによって，ミャン
マーの高等教育全般の水準や大学教員のレベルは大幅に引き下げられ，会計高
等教育についても，簿記技術を教えることこそが会計高等教育であるという間
違った方向性をとることとなった。

　大学の全面再開後には，とりわけ地方にキャンパスを移転した大学において
は，教員不足などを理由に十分な授業が学生に提供されなかった。たとえ授業
が行われても，教員が一方的に話をして，学生はただそれを聞くこと集中する，
あるいはリピートする上述の「受動的な学習」スタイルは，教育の質のみなら

ず制度面と実態面の双方から教育効果を減じさせる結果となっている。

　以上，本章ではミャンマーの政治・経済の歴史と会計制度の歴史を概観し，長きにわたる旧軍事政権・新軍事政権下での大学教育の荒廃・会計高等教育の軽視によって，ミャンマーにおける会計教育の質は著しく損なわれてしまったことを確認した。ただし，大学における会計高等教育の水準については，エビデンスが必要であるので，次章以降，訪問面接調査を用いて，会計高等教育の問題も掘り下げていきたい。

第3章

訪問面接調査

1 訪問面接調査の概要

前章ではミャンマーの政治・経済の歴史を踏まえつつ，その会計制度の変遷（会計高等教育も含む）について述べた。本章ではミャンマーの会計・監査実務および高等会計教育の現状を把握するために筆者が行った訪問面接調査とその結果の概要を述べる。その上で，続く第4章で結果のより詳しい分析と検討を行うことにする。

訪問面接調査を行ったのは，上述したように，ミャンマーでは会計・監査実務および会計教育に関するアカデミックな先行研究がほとんどなく（WB[2017]，*YUE [2016a, b]*，Thein [1998]，および独自調査による），過去の会計関連法規も入手困難であり，政府の企業統計や大学に関する統計データ等，および公認会計士についての統計データの蓄積もほとんどなされていないためである。外国の監査法人等による投資ガイドのようなものは多数存在しているが，いずれも会計・監査制度（会計基準・監査基準を含む）の紹介にとどまっており，それらの制度がどれだけ遵守されているのか等には触れていない。

このような状況において，会計・監査実務の実態を知ろうとする場合，現場に入り生のデータを収集する訪問面接調査しか手段がなく，また当該方法が最も優れている。

本書では，検討の結果，訪問面接調査という研究方法を採用した。研究目的

を達成するために，2013年2月～2016年12月までの3年11ヵ月で10回渡緬し，現地で訪問面接調査（29ヵ所，延べ74人）を実施した。具体的には，訪問面接調査の対象である，大学，政府規制主体，資本市場関係者，財務諸表の作成者，および公認会計士団体等に対して，前半の調査，2013年2月～2015年7月（24ヵ所，延べ45人）に対する「非構造化方式」（質問事項を用意せずに，自由に話を展開して情報を入手する方法）（佐藤［2016］）の訪問面接調査，および後半の調査，2016年3月および12月（12ヵ所，延べ29人）に対する「半構造化方式」（一応質問票を用意して，その回答を求めるが，先方の話が質問票以外の内容にも展開すれば，それに従って副産物も期待する方法）（佐藤［2016］）の訪問面接調査を行った（**図表3-1**参照）。

　まず，前半の訪問面接調査を「非構造化方式」で行ったのは，軍事政権崩壊直後で人々の警戒心が強く，事実を明らかにしてくれない可能性が高いと考えたからである。同様の理由からミャンマーの関係者の口が重いことと，別の視点から同じ現実を観察して相互主観性を増すためトライアンギュレーションを考慮して，日本企業，日本の規制主体，日本の資本市場関係者，国際機関（独立行政法人国際協力機構（以下，JICAという）および独立行政法人日本貿易振興機構（以下，JETROという）に対しても調査を行った。また，ミャンマー政府の会計政策が，当該国の政治・経済のマクロ的な変化と密接な関係をもって展開される可能性も考慮して，日本大使館でも情報収集を行った。次に，後半の訪問面接調査も，調査対象（12ヵ所・延べ29人），トライアンギュレーションへの考慮ともに，前半と同様である。しかし前半の経験を踏まえて，また，新政権の相対的安定（人々の警戒心の緩和）を考慮して，調査方法を「半構造化方式」に変更した。

補論：構造化面接法と半構造化面接法

構造化面接法とは，予め設定された仮説に従って，調査先に対して共通の質問をし，仮説の妥当性を検証するためのデータを統計的に収集するものである。非構造化面接法とは，質問項目を特に用意せず，調査先の反応に応じて質問を展開していく方法であり，多面的・多層的・全体的なデータを収集することを目的としている。

半構造化面接法は，予め仮説を用意して，質問項目も決めておくが，会話の展開によって，また調査先の属性によって，質問の変更や追加をしていくものである。本調査では，前半は非構造化面接法で行い，後半は質問項目を用意した上で，調査先の属性や会話の展開によって，質問を変更しているので，非構造化面接法に近い，半構造化面接法を採用しているといってよいであろう。

また，調査対象の選択においては，その領域に精通しており，政策決定に関与できるという点から，「エリート」（各組織の長またはそれに準ずるポジション）を対象とするエリート・インタビューを試みた。

一部の回答者に対して，2017年12月と2018年6月にメールによる質問を行っている。なお，調査期間中にヤンゴン証券取引所に上場していた企業4社に対しては，併せて質問票調査（**資料1**を参照）も実施している。

訪問面接調査に際しては，まず，利害を異にする多様な調査対象（ミャンマーの会計規制機関，会計基準設定主体，公認会計士組織，財務諸表の作成者，資本市場関係者，および会計教育者）と日本の規制機関や進出企業関係者にミャンマーの会計・監査実務に関するインタビューを行い，調査の「トライアンギュレーション」[1]の確保を行った。複数の同一カテゴリーに属する回答者に同一の質問をすることによって，その言説の裏付けを取る努力をした上で，視点の異なる，日本の，規制機関，公認会計士，財務諸表の作成者，資本市場関係者，国際組織にも同一の質問をすることによって，客観化の努力も行った。

1　トライアンギュレーションについては，Denzin［2009］を参照。

調査方法に関しては，訪問面接調査の対象全員に関してある程度の共通性（「ミャンマーにおける会計・監査実務の水準をどう考えているか」，「現状に満足しているか」を聞く）を保ちながら，個々のインタビュー先の属性によって，その質問内容を変える「半構造化」法（佐藤［2016］166-167頁）を採用した。また，第1章において確認したとおり，ミャンマーの会計に関する研究は未成熟な段階にあるが，ミャンマーの政治・経済・文化一般に関する包括的な研究については近年かなりの蓄積がなされている。そこで，訪問面接調査や質問票調査のみでなく，それらの文書資料も面接調査で得られた結果の裏付けに用いた。

調査対象の詳細，カテゴリー分け，および調査内容については**図表3-1**に示している。また，インタビュー調査にて特に重点的に質問を行った内容については，**図表3-2**にて別途まとめている。

[図表3-1] 訪問面接調査の対象と日時および内容

訪問先	訪問日時	回答者	訪問先情報	訪問者
日本大使館	2013年2月4日 10:00-12:00	特命全権大使	日本大使館。民主化後および政権交代後のミャンマーにおける政治経済の情勢についての情報収集。	谷口隆義
	2013年9月11日 16:00-17:00			
	2014年6月11日 15:00-16:00	特命全権大使 （2014年に交代）		
	2014年10月2日 11:00-12:00			
	2015年4月6日 14:00-15:00			
	2015年7月28日 11:00-12:30			
	2016年3月29日 15:30-16:30			谷口隆義 徳賀芳弘
	2016年12月14日 15:30-16:30			
金融庁関係	2015年4月6日 10:00-11:00	日本金融庁	日本の金融庁がミャンマーの証券市場形成に協力している。JICA専門官は金融庁からの出	谷口隆義
	2016年3月30日 11:30-12:30			谷口隆義 徳賀芳弘

	2016年12月17日 14:00-15:00	JICA専門官	向。栗田氏は，金融庁からJICAへ出向して，現在，ミャンマーの財務副大臣のアドバイザー。	谷口隆義 徳賀芳弘 石丸直
Central Bank of Myanmar	2015年4月2日 14:00-15:00	IMF General Adviser	IMFより派遣されたミャンマー中央銀行の総括顧問。	谷口隆義
Myanmar Securities Exchange Centre Co., Ltd.	2013年2月5日 13:00-14:00	Managing Director	大和証券とミャンマー経済銀行が50%ずつ出資している合弁企業。ヤンゴン証券取引所開設に協力。	谷口隆義
	2014年9月29日 11:00-12:00			
	2016年3月29日 14:00-15:00	Managing Director （2016年に交代）		谷口隆義 徳賀芳弘
	2016年12月14日 14:30-15:30	Managing Director, Director		谷口隆義 徳賀芳弘 石丸直
JETRO Yangon	2013年2月4日 14:00-15:00	所長	JETROのヤンゴン・オフィス。	谷口隆義
	2013年5月27日 10:00-11:00			
	2013年9月12日 10:00-11:00	次長		
	2015年4月2日 10:00-11:00	所長 （2015年交代）		
	2016年3月30日 13:00-14:40	所長 （2016年交代）		谷口隆義 徳賀芳弘
JICA Myanmar Office	2013年2月4日 11:30-12:30	所長	JICAのミャンマー・オフィス。	谷口隆義
KPMG Advisory (Myanmar) Ltd.	2013年2月4日 16:00-17:00	Manager	KPMGのミャンマー現地法人。	谷口隆義
	2013年5月27日 14:00-15:00	Managing Partner		
Sumitomo Mitsui Banking Corporation ヤンゴン支店	2016年3月30日 10:00-11:00	支店長	ミャンマーで出店を許された3つの邦銀の1つ。	谷口隆義 徳賀芳弘

The Bank of Tokyo Mitsubishi UFJ, Ltd. ヤンゴン支店	2016年12月15日 16:00-17:00	支店長, 支店長代理	ミャンマーで出店を許された３つの邦銀の１つ。	谷口隆義 徳賀芳弘
Sumitomo Corporation Asia Pte. Ltd.	2013年9月13日 10:00-11:00	所長	住友商事アジア統括会社のヤンゴン事務所。	谷口隆義
Sojitz Corporation	2013年9月13日 13:00-14:00	支店長	双日のヤンゴン支店。	谷口隆義
KDDI Summit Global Myanmar Co., Ltd.	2016年12月14日 13:30-14:30	CFO, COD, Director	KDDIと住友商事の100%子会社であるKSGMがMPTと共同事業を展開。	谷口隆義 徳賀芳弘
Yangon University of Economics	2015年4月8日 13:00-14:00	Rector 1, Vice-Rector 1, Professor 1	ミャンマーで会計学を教えている３つの大学のうちの１つ（大学数は169）。2008年から10年間にわたって会計教育を行ってきた（商学では50年の実績）。ミャンマーでNo.１と言われている名門。	谷口隆義
	2016年3月29日 10:00-12:00	Rector 1, Professor 1		谷口隆義 徳賀芳弘
	2016年12月15日 13:00-14:30	Rector 1, Professor 1		谷口隆義 徳賀芳弘 石丸直
Win Thin & Associates	2013年2月5日 10:00-11:00	Chairman (CPA),	ミャンマーの大手会計事務所。	谷口隆義
U Tin Win Group	2013年2月5日 15:00-16:00	Managing Director (CPA)	現地の会計事務所。	谷口隆義
Tint Tint Thu Office	2013年5月28日 14:00-15:00	CPA	シンガポールとミャンマーにて活動している公認会計士。	谷口隆義
Maung Maung Hteik & Associate	2014年6月11日 10:00-11:30	CPA	現地の会計事務所。	谷口隆義
FAA GROUP	2014年6月11日 13:00-14:30	CPA	現地の会計事務所。	谷口隆義
Daw Myint Myint Toe Group	2014年6月12日 10:00-11:30	CPA	現地の会計事務所。	谷口隆義
KBZ Bank	2013年7月4日 13:00-14:00	General Manager	ミャンマーの大手銀行。三井住友銀行と提携。	谷口隆義

第 3 章　訪問面接調査　35

A1 Group of Companies	2015年7月29日 16:00-17:00	Chairman	ミャンマーの財閥。ゼネコン，建設業を展開。	谷口隆義
Ayeyarwaddy Farmers Development Bank	2015年7月29日 16:00-17:00	Managing Director	ミャンマーの金融機関	谷口隆義
First Myanmar Investment Co., Ltd.	2016年12月15日 10:00-11:00	General Manager, CFO	ヤンゴン証券取引所に上場した4社の1つ。	谷口隆義 徳賀芳弘 石丸直
Myanmar Citizen Bank Limited	2016年12月14日 11:30-12:20	Chief General Manager, Deputy Managing Director	ヤンゴン証券取引所に上場した4社の1つ。	谷口隆義 徳賀芳弘 石丸直
Myanmar Institute of Certified Public Accountants &Myanmar Accountancy Council	2016年12月15日 14:40-15:10	MICPA President (MAC Vice Chairman) MICPA Vice President	MICPAは，会計基準設定主体の1つ。会長はMACの副議長を兼任。	谷口隆義 徳賀芳弘 石丸直
Internal Revenue Department	2013年2月7日 13:00-14:00	Directo-General	財務歳入省内国歳入局。Maw氏は局長。	谷口隆義
The Republic of Union of Myanmar Federation of Chambers of Commerce & Industry	2013年7月3日 13:00-14:00	President	ミャンマー商工会議所。Win Aung氏は財閥ダゴングループの代表で商工会議所会頭。	谷口隆義
Minister of Finance, Mandalay Region Government	2014年6月14日 13:00-13:30	Minister	マンダレー管区の財務局。	谷口隆義
Office of the Auditor General of the Union	2016年12月15日 15:15-15:45	MICPA-Vice President	Auditor Generalは，公的・私的両セクターの組織の監査を監督する公的な組織。	谷口隆義 徳賀芳弘 石丸直

（注）谷口隆義は筆者，徳賀芳弘氏は京都大学教授，石丸直氏は日本大使館・書記官。

[図表3-2] 重点的にインタビューを実施した内容

調査対象	調査の内容
① 日本の官庁所管の組織	ミャンマーの政治・経済の情勢の変化。会計・監査制度改革の進展。会計実務・監査実務の水準。
② ヤンゴン経済大学	ミャンマーの会計に関する先行研究。大学における会計教育・カリキュラム・使用テキスト等。会計実務・監査実務の水準。
③ ミャンマーの規制機関	企業規制関連の法規や会計基準等の会計インフラの整備と適用の状況。会計実務・監査実務の水準。
④ ミャンマーの会計事務所	ミャンマーにおける会計インフラ整備の状況。会計実務・監査実務の水準。公認会計士の教育,訓練,試験等。
⑤ ヤンゴン証券取引所関係者	ヤンゴン証券取引所における株式の売買状況。今後の上場予想。会計実務・監査実務の水準。
⑥ 上場企業2社(インタビュー)	上場の目的。IFRSの適用における困難な点。会計実務・監査実務の水準。
⑦ ヤンゴンの日本企業	ミャンマーにおける会計インフラ整備の状況。会計実務・監査実務の水準。
⑧ 上場企業4社(アンケート)	IFRSの適用における困難な点。会計実務・監査実務の水準。

2 調査結果の概要

(1) 質問事項

　前半は,非構造化方式の調査であったため,質問事項を用意していないが,後半の調査の質問事項と共通する部分が多い。後半の調査(半構造化方式)では,次のような質問事項を用意した。

　① 現在の政治・経済の状況

　② 実務の技術的レベル

　③ 会計基準の遵守度

④　会計高等教育（大学）の評価

⑤　会計専門職教育の評価

⑥　MFRSとIFRSについてのコメント

⑦　課税所得計算の状況

　ただし，大学では，⑧講義で用いられている言語，⑨使用しているテキスト，および⑩カリキュラムの内容を追加して尋ねている。

　本書に直接に関係のある，会計・監査実務の水準と会計教育の問題に限定して，以下に調査結果を述べる。まず，結果の概要は**図表3-3**，**図表3-4**に示したとおりである。

[図表3-3] 訪問面接調査の結果の概要

調査対象	調査内容			
	会計実務・監査実務の水準	会計インフラの整備状況・会計制度改革の進展度	会計教育の水準	その他の調査事項
ヤンゴン経済大学 7人　3回	MFRSに準拠しているとはいえないが，低くはない。	近年進んでいる。	低くはない。大学では，洗練された会計士となる者を育成している。	テキスト・カリキュラム等について調査。
ミャンマーの規制機関 4人　4回	非常に低い。	近年進んでいるが，定着には時間が必要。	低い。人材が不足している。	NA
ミャンマー公認会計士協会 2人　1回	NA	海外からの技術的支援もあり，近年進んでいる。	会計人材が不足しており，教育水準の向上に取り組んでいる。	公認会計士の試験についての調査。
ミャンマーの会計事務所 6人　6回	低い。	近年進んでいる。	公認会計士が不足している。	NA
ヤンゴン証券取引所関係者 8人　4回	低い。ルールも守られておらず，B/SとP/Lも満足に作成できない。	近年進んでいる。	優秀な会計人材が不足している。公認会計士の教育も不足している。	会計教育支援について調査。

上場企業2社 4人　2回	IFRSで財務諸表を作成している。一般的には，実務のレベルは低い。	近年進んでいる。	会計人材が不足している。特に国際的な水準の者は数が限られている。	NA
日本の金融庁 3人　3回	低い。MFRSの普及度は低い。法定開示も定着していない。	近年進んでいるが，遵守されていない。定着には時間が必要。	大学教育の水準は低い。	金融庁のミャンマーの資本市場の形成への協力の内容について調査。
日本大使館 18人　8回	NA	NA	NA	ミャンマーの政治経済の情勢についての調査。
ヤンゴンの日本企業 9人　5回	非常に低い。財務諸表を作成できない。作成する動機もない。監査も主観的。	近年進んでいるが，定着には時間が必要。	低い。高度会計教育を受けた人材が不足している。	ミャンマー国民の納税意識について調査。
国際機関 （JICA, ジェトロ等） 6人　6回	非常に低い。		NA	ミャンマーの政治経済の情勢についての調査。

（注）NAは無回答。

［図表3-4］　質問票調査の結果の概要

	上場のための準備期間	上場の目的	IFRS準拠の財務諸表を作成することの難易度・苦労した点	ミャンマーにおける会計実務のレベル	ミャンマーにおける会計インフラの整備状況
会社A	2年以上	資金調達 会社のPR	財務諸表以外の沢山の書類を作成することが大変。	低い。	洗練されたルールが欠如している。
会社B	6ヵ月	会社のPR	以前からMFRS準拠の財務諸表を作成していたので，IFRS準拠の財務諸表を作成することは困難ではなかった。	普通。ただし，大学における会計教育が欠如している。	特に問題はない。

| 会社C | 1年 | 会社のPR | 以前からIFRS準拠の財務諸表を作成していたので，困難はなかった。 | 普通。 | 特に問題はない。 |
| 会社D | 1年 | 会社のPR | NA | 普通。 | 洗練されたルールが欠如している。 |

（注）NAは無回答。

（2）会計・監査実務に関する調査結果

まず，会計実務の水準に満足しているという回答はほとんどなかった。回答は以下のとおりである。

「水準は低い」（MSEC［2016a］）

「B/SとP/Lもまともに作成できない」（MSEC［2016b］）

「財務諸表の信頼性が低い」（SMBC［2016］）

「水準は低く。会計人材が不足している」（金融庁［2016a］）

「証券取引法でフォーマットを提示しているが，定着しておらず，さまざまなフォーマットで財務諸表が作成されている。何を書くべきか理解できていない」（金融庁［2016b］）

「歴史的にレベルが低かった。民間企業は会計帳簿を作成する必要がない」（MCB［2016］）

「数年前まで現金主義で，出納帳しかなかった。帳簿は手書き」（KDDI［2016］）

「財務諸表を作成する動機がない」（MUFG［2016］）。

監査実務に関しては回答自体が少なかったが，次のような回答であった。

「監査実務の水準は低い」（MSEC［2016a］，金融庁［2016a］）

「監査実務の水準は低く，日本の20〜30年前程度である。基準に基づいて監査しているというよりは，感覚で判断している」（KDDI［2016］）

「国際的な水準にある公認会計士は数が限られている」（FMI［2016］）

また，会計監査の質のみでなく，会計専門職の数が圧倒的に不足しているとの意見が多かった（金融庁［2016a］，KDDI［2016］，FMI［2016］）。これは，上場企業のみでなく，すべての会社組織（55,015社）に対して，公認会計士監査を受けることが義務づけられているのに対して，現在，ミャンマーで監査実務を行っている公認会計士は500人弱であることから（WBG［2017］p.21），多くの企業の規模が小さいことを考慮しても，まともな会計監査が行われているとは言いがたい。

また，監査報告のすべてが無限定適正となっているが，WBの会計監査チームが無限定適正意見の付いた会社の財務諸表をランダム・サンプリングして監査したところ，限定意見を付けるべきものや，MFRSへの不準拠により不適正と判断されるもの，監査不能なものが見つかっている（WBG［2017］p.33）。つまり，会計監査は，形式的な手続きとなっており，実質的な監査は行われていない可能性がある。

また，36頁の②への回答から推定可能であるが，MFRS（中小企業は，中小企業用のMFRS）への準拠についての回答は以下のとおりである。

「会計基準は守られていない」（MSEC［2016］，金融庁［2016a, b］）

「MFRSに準拠していないというよりは，準拠できない」（KDDI［2016］）

ヤンゴン証券取引所に上場している2社とヤンゴン経済大学（以下，YUEという）の教授たちを除けば，回答者は，遵守されていないとの回答であった。なお，当該2社は上場要件として，MFRS（またはIFRS）に準拠した財務諸表を作成しなければならないので，当然である（当該2社は，他の会社はわからないが，自分たちは遵守しているとの回答であった）。

また，二度目の訪問の際に，YUEの教授たちに，他の回答者がMFRSは実務に定着していないと答えていることを告げると，「MFRSは定着していないが，それはやむをえない」（YUE［2016b］）と回答が変わった。このことは，1回目の訪問の際には，ミャンマー政府に気を遣った，あるいは日本からの調査ということでヨソ行きの回答をした可能性を示唆している。

（３）会計教育に関する調査結果

　大学以外のミャンマーの調査対象（「わからない」という回答が多い）からは，あまり有効な回答を得ることができなかったが，日本企業，日本の規制機関からは，ミャンマーの大学における高等会計教育の質・量が不足していることが明確に示されている。たとえば，次のとおりである。

　「大学卒業生の水準は低い」（金融庁［2016b］）

　「大学で会計学を学んだ者よりも現場で勉強した者の方が役に立つ」（KDDI［2016］）

　「優秀な会計人材が不足している。受け身の教育方法にも問題がある」（MSEC［2016b］）

　以上のコメントの内容は，国際機関による調査報告等の評価と共通しており，実態を捉えているといえる。

　YUEでは，ビジネス学部長および主任教授より，次のような情報を得た（YUE［2015］・［2016a, b］）。

① 　ミャンマーには，会計学を教えている大学は３つ（全体で169の大学）しかない。

② 　大学の講義はすべて英語で行われている（新軍事政権時代より）。

③ 　会計関連科目のテキストは，すべてイングランド・ウェールズ勅許会計士協会（以下，ICAEWという）が作成したものである。

④ 　財務会計，管理会計，監査論，原価計算，国際会計と基本的な科目は揃っている。MBAではIFRSも教えている。

⑤ 　講義は「一方通行」（one-way）であり，ディスカッション等はない。

　大学の会計教育の直接的な評価ではないが，最も多くの公認会計士を輩出しているYUEの講義に対する間接的な評価となる会計・監査実務の評価についての回答として以下のようなものがある。まず，ミャンマーにおける会計実務

の技術的水準についての評価（満足度）は以下のとおりである。

「低い」（*MSEC*［*2016*］）

「B/SとP/Lもまともに作成できない」

「財務諸表の信頼性は低い」

「証券取引法では，財務諸表のフォーマットを示しているが，定着していない。何を書くべきか理解できていない」（*金融庁*［*2016b*］）

「優秀な会計人材が不足している」

「歴史的にみてこれまでずっと低い水準であった。民間企業は財務諸表を作成する必要がない」

「数年前まで現金主義であった」

　訪問面接調査においてトライアンギュレーションを確保したことからは，以下のような成果が得られた。まず，ミャンマーの外と内で会計・監査実務や一般の会計リテラシーのレベルに関して大きな認識の相違がみられた。現地の大学教員，公認会計士，および資本市場関係者は，ミャンマーの会計・監査実務に対する評価が甘く，低レベルであることを認識していないが，他方で，金融庁，日本企業は，ミャンマーの会計・監査実務が低い水準にあって，会計教育にも大きな問題があることを認識していた。両者の差は，国際的な水準を知っているかどうかということに起因しており，ミャンマーの関係者は，新軍事政権下で諸外国の情報があまり入ってこなかったことによって国際水準を知る術がなかったということを示していると考えられる[2]。

　また，ミャンマー企業のうち上場4社（質問票調査の対象）とそれ以外の訪問調査先企業で，会計実務の水準に関する評価について若干の相違がみられた。具体的には，上場4社のうち3社は会計実務の水準が低いと捉えていたが，それ以外の訪問調査先企業では水準が低いという認識はあまり有していなかった。

2　あるいは，長く続いた軍事政権下で，政府の批判に繋がるような評価は避けなければならないという姿勢が形成されているのかもしれない。

最後に，金融庁と密接な関係があるミャンマーの会計規制機関は，会計・監査実務のレベルの低さについてはある程度把握しているものの，会計教育が最優先事項であるという認識は有していなかった。さらに，大学教員も，会計・監査実務の問題を認識していても，軍事政権下での弾圧の影響で，政府の政策の批判をすることに繋がる言動については消極的になる姿勢が観察された。これらの結果から，日本の企業，金融庁，公認会計士，資本市場関係者へのインタビュー結果は，実態をより客観的に説明している可能性が高いものと推察される。

他方，質問票調査の結果は，以下のとおりである。まず，**図表3-4**に示したように，上場の動機の多くは，資金調達というより，会社のPRにあることがわかる。また，これらの企業は，IFRSに準拠した財務諸表の作成についてはあまり大きな負担を感じておらず，ミャンマーの会計実務レベルについては平均的であるとの認識であった。これらの結果は，上場4社へのインタビューにより導出された結果と整合的であった。

第4章

結果の分析と原因の探究

1 会計・監査実務の実態に係るファインディングス

前章でその概要を示した訪問面接調査および質問票調査を通じて，ミャンマーにおける会計・監査実務の問題として，（1）一般的な会計リテラシーの低さ，（2）会計ルールへのコンプライアンス意識の欠如，（3）会計監査の質的・量的な不十分さ，（4）MAS/MFRSの無機能化という4点が明らかとなった。

（1）一般的な会計リテラシーの低さ

本調査から最も大きな問題点として明確になったのは，会計知識・技術のレベルの低さに加え，正確に会計記録を記帳しなければならないという「意識」の欠如であった。また，ミャンマーでは財務諸表を作成する意義に対する認識も極めて低い状況にあることがわかった。一般的に，会計実務に携わる担当者は，書類の提出先（税務署，銀行など）によって利益数値を意図的に変更することに罪悪感は持っておらず，正確な財務諸表を作成しなければならないという認識も有していなかった。

（2）会計ルールへのコンプライアンス意識の欠如

会計ルールへのコンプライアンス意識の低さについての具体的な指摘は，次

のようなものである。

- 取引の記録を取るという慣習が定着していない。最近まで，帳簿は現金主義で認識され現金出納帳しかなかった。手書きの帳簿であった（*MMF* [2016]）。
- 納税意識が低い（*MSEC* [2016a]，*MMF* [2016]）。複数の決算書を作成する場合が多く，課税所得計算が曖昧になっている（たとえば，国営英字新聞 Global New Light of Myanmarによると，マンダレー管区の税徴収率は20％程度と言われている（Global New Light of Myanmar [2016]））。
- 金融機関では，財務諸表の信頼性がないこともあり，担保主義が浸透している（*SMBC* [2016]）。日本から進出している金融機関および大手企業は，日本式簿記の定着を図るため，日本商工会議所の日商簿記導入の啓発活動を行ったが，日本商工会議所側は，将来拡大の期待が持てないとの理由で撤退している。

（3）会計監査の質的・量的な不十分さ

会計監査について，質的にも量的にも不十分である実態が観察された。会計監査の水準が低いだけでなく，公認会計士の数も足りていない（*金融庁* [2016a]）。監査実務は直感的な判断に依拠しており（*MMF* [2016]），監査法人の監査体制も整っていない（*FMI* [2016]）。会計監査は個人の公認会計士事務所（ 資料10 参照）により実施され，その責任は公認会計士個人に課せられる（*FMI* [2016]）。

また，ミャンマーでは，すべての会社に公認会計士による会計監査を受ける義務があり，株式公開企業（約100社）のみならず非公開会社（約34,000社）まで受けることが義務づけられているが[1]，それに対して監査業務を行っている公認会計士の数はわずか500人[2]（*WBG* [2017]）であり，監査を実施する人材が圧倒

1　その他の会社形態まで含めると，ミャンマーで公認会計士監査を受けなければならない会社の数は55,015社ある（WBG [2017] para. 33）。

的に不足している。このことは，時間をかけて監査を行うことを不可能にし，その結果，会計監査の質を低下させている。

（4）MAS/MFRSの無機能化

MAS/MFRSは，外生的な会計基準であり，ミャンマーの事例はそれらの会計基準の典型的な「無機能化」現象として，重要な材料となりうる。

前述したように，ミャンマーは，1999年に当時のIASをMASとして，また2009年に当時のIFRSをMFRSとして，ほぼそのまま導入している。しかし，下記の訪問面接調査の回答からもそれらがまったく定着しなかった（現在も定着していない）ことが明らかであり，原因が考察されなければならない。

- MFRSやSME版MFRSは存在するが，実務に定着していない。MFRSは，2010年度版IFRSを使っているが，IFRSの改訂に合わせたMFRSの改訂はなく，少なくとも7年は遅れている（金融庁［2016b］）。

徳賀［2018］によれば，開発途上国における外生的会計基準の無機能化という現象に関しては，経済合理的な判断であれば当然回避されるはずの，①IAS/IFRSを導入した法域の動機，および②導入されたIAS/IFRSに準拠する当該法域内の企業の動機（処罰されたくないといった強制も含む）の2つの次元での調査が必要であるという（徳賀［2018］6頁）。

また，徳賀［2018］によると，ミャンマーのケースでは，上記の①は，1988年以降，IMFおよびWBからの融資が途絶えていたミャンマーは，1998年のアジア通貨危機において，国際的な会計基準・監査基準を採用することを1つの条件として，韓国が巨額の有利な融資を受けたことから（徳賀［2001］），IASを導入すれば，融資が容易になると考えた可能性がある。また，2000年代に

2　ミャンマーで登録された公認会計士の数は，4,500人以上であるが，1,500人はミャンマー政府で働いており，1,500は企業に勤務している。さらに，500人はすでにリタイヤしている。結局，ミャンマーで監査実務を行っている公認会計士の数は，500名程度ということになる（WBG［2017］para. 81）。

入って，欧米からの経済制裁がさらに強化される中で，資本市場・国際化・透明性といったイメージを持つ，国際的に受け入れられている会計基準を導入することによって，経済制裁を緩和できると考えた可能性がある。このような状況から，ミャンマー政府のIAS/IFRSの導入は，強制的同型化の特殊な形態であるという[3]（徳賀［2018］7頁）。

同様に，上記の②に関しては，開発途上国における会計基準のエンフォースメントに関する先行研究が指摘しているように，会計基準のエンフォースメントは，国家主導で罰則規定を伴わなければならない（徳賀［2018］9頁）という。ミャンマーの場合，会計基準への不準拠にも監査基準への不準拠にも罰則はないため，②の解答は罰則規定がないためであるとなる。

では，会計教育・専門職教育の不備は，これらの問題とどのように関係しているのであろうか。会計教育・会計専門職教育の不備は，もしミャンマー企業がMFRSに準拠しようとしても，「準拠できない」ということに関わっている。つまり，IAS/IFRSのミャンマーにおける無機能化は，「準拠しない」ということのみならず，「準拠できない」ということから発生していると考えるべきであろう。

2　会計高等教育に係るファインディングス

会計高等教育を調査するにあたり，まずは現在のミャンマーの教育制度についても調査を実施して確認した。

ミャンマーには，軍事政権の時代から始まった基礎教育制度[4]がある。ミャ

3　DiMaggio & Powell［1983］の3つの同型化の中で，模倣的同型化も規範的同型化もミャンマーのケースに当てはまらない。最大の貿易相手国である中国はIAS/IFRSを導入していないし，ASEAN諸国の多くも導入していないため，模倣的同型化には当たらない。また，ミャンマーでは，公認会計士の組織は，IAS/IFRSの導入を求めるほど，洗練されていないし，政治的な力もないことから，規範的同型化も当てはまらない。詳しくは，徳賀［2018］を参照のこと。

ンマーの基礎教育制度は，1990年代末から2000年にかけて大きな改定がいくつかなされてきた。そのうちの1つが2000年になされた教育制度改革である。英国の植民地から長らく10年課程であった基礎教育課程は，教育制度改革により，現在5・4・2制の11年（初等教育5年：5歳〜10歳，前期中等教育4年：11歳〜14歳，後期中等教育2年：15歳〜16歳）[5] となっている。小学課程の5年間に対しては義務教育制度が実施されており，中学課程の4年間に対しても，将来義務化しようという動きがある。基礎教育機関は合計43,181校（うち小学校は30,015校，中学校（前期中等教育）は6,629校）あり，2011年から2016年の小学校への就学率は約99％である一方で，中学校への就学率は約52％にとどまっている（日本ユニセフ［2017］）。

　ミャンマーの近代高等教育の起源は，官立カルカッタ大学（1857年設立）の付属校として1878年にできたラングーン・カレッジである。その後，1920年にはラングーン大学が設立された（1989年ヤンゴン大学に名称変更）。ヤンゴン大学は，政治運動の発火点となったため，学生の非政治化目的で都市部から遠く離れた場所にキャンパスを移され，都心部には大学院のみが残された。そこで，都心部で学びたい学生は，学部が残されたYUEやヤンゴン外国語大学といった大学に進学することになった。

　訪問面接調査（*YUE［2016a］*）に基づき会計領域の教育状況をみると，一般企業の会計を担当する会計技術の習得には，大学ではなく，街の「簿記学校」で学ぶのが一般的であるとされている。ヤンゴン[6]の多くの簿記学校では，

4　学校教育制度が整備される以前より，各地で僧院の設置とその中での教育の提供は行われてきており，18世紀後半にはすでに僧院学校が存在したとの記録もある。なお，仏教国であるミャンマーでは仏教徒が多数を占めており，僧院長たる僧侶が寄付金等で経営を行う僧院付属学校が全国で1,402校あるほか，貧しくて学校に通えない子供たちのための寺院によるボランティア教育も存在している。

5　進級および11年生修了については，各教科修了テストおよび学年末試験により児童生徒の学力を評価する「学力継続評価制度」を実施している。大学入学試験については，11年生の卒業と大学入試を兼ねたミャンマー試験委員会による「全国共通試験」が実施されている。

LCCIの資格取得のための勉強をする。ただし，あくまでも就職時の採用ツールとして学ぶことが多く，LCCIは会計に係る専門能力の保証（規準）というよりも，学ぶ姿勢のある人という人物評価の1つのツールとなっている[7]のが現状である。

　専門的な会計を学ぶ場合，会計高等教育を行っている大学に通うことになる。ミャンマーには合計169校の大学があるが，その中でも会計学を教える大学は，ヤンゴン管区にあるYUE，ザガイン管区にあるモンユア経済大学（以下，MoIEという），マンダレー管区にあるメイティラ経済大学（以下，MeIEという）の，わずか3つの経済大学のみ（*YUE [2016a, b]*）であり，いずれも教育省所管となっている。これは，第3章で述べた新旧軍事政権時代の会計関連の教育の軽視がもたらした結果であろう。なお，上述の3大学の概要は付録資料2に示している。

　ミャンマーにおける高等教育の特徴として，中央政府の権限が極めて強いことを背景に，全国共通のカリキュラム，シラバス，英文教科書が使われていることが挙げられる。訪問面接調査の際に会計学のテキストを確認したところ，すべて英国のICAEW作成のものが用いられていた。また，授業についても原則として英語が使用され，ミャンマー語は使用されない。一方的な講義が中心で，学生の参加はほぼなく，学生の学びは受動的なものとなっている（*YUE [2016a, b]*）。このような教育では，企業経営者と討論を行って，説得したり，指摘をしたりするような能動的な会計専門職は生まれないであろう。

6　ミャンマーの旧首都であり，日本大使館などがある。2006年には首都はネピドーに移ったが，現在もヤンゴンがミャンマー経済の中心地となっている。外資系企業も多く，日本企業が約400社，台湾・中国企業が約300社，タイ企業が約300社，ヤンゴンに立地している（MUFG [2016]）。

7　そのため一般的にミャンマーでは，LCCIを取得して入社しても，当該社員が会計を理解できているとは考えられていない。

3 原因の探究

本節では，先述したような会計・監査実務の状況を生み出した原因は何かということに焦点を当て，検証を行いたい。ここでは，開発途上国に関する先行研究（Herbert *et al.* [2014]，Bove and Pereira [2012]，Carvalho and Salotti [2013]等）に基づいて，3つの仮説を提示しておく。

（1）会計インフラの未整備が原因である。

（2）会計高等教育の欠如が原因である。

（3）（1）と（2）の両方が原因である。

（1）会計インフラの未整備

会計・監査実務の水準の低さの原因として，一般に会計インフラの未整備が考えられる。ミャンマーでは，過去において会計インフラの未整備は明確であった。その証左は，1913年のミャンマー会社法が大きな改正もせず近年まで使われ（WBG [2017]），その規程が会計基準とされてきたことからもうかがえる。また，ヤンゴン証券取引所が開設されるまでは証券取引所もなく，公開会社は株式の店頭取引を行ってきた[8]。

しかし，新軍事政権の末期以降，資本市場を中心に会計インフラの整備は急速に進められた。まず2013年に証券取引法（Securities Exchange Law）が公表され，2015年SECMが設立された後，同年，ヤンゴン証券取引所が開設された（WBG [2017]）。ただし，本書における調査期間中のヤンゴン証券取引所上場企業数は4社であった。また，上場企業だけでなく店頭取引の株式公開会社260社のうち30社（株主100人以上の公開会社）にも，財務情報の公開は義務づけ

---

8 英国統治時代から旧軍事政権までの間，1930年代から1941年と1950年代後半から1962年まで，ヤンゴン（当時はラングーン）で，店頭取引のラングーン取引所が開設されていたが，1962年に，ネー・ウィン旧軍事政権により閉鎖されている。

られているが，実際に財務情報を公開している企業は18社にとどまっている（金融庁［2016b］）。

会計基準に関しては，2010年にMFRSとSME（中小企業）版MFRSが制定され，それらがミャンマーの会計基準となった（WBG［2017］）。近年では，会社法，証券取引法，外国投資法，税法などの会計関連諸法規が日本政府の支援の下で急速に整備されつつあり，2015年にはMICPAを所管するMAC法も制定され，会計監査制度と公認会計士制度が発足した（WBG［2017］）。

しかし，いずれの会計関連諸法規についても，実務への定着にはかなり長い時間を必要とすることが予想される（MMF［2016］，金融庁［2016b］）。とりわけMFRSが現在でも実務に必ずしも準拠していないのは，次のような理由による。

- MFRSに従って財務情報を公開する動機がない（金融庁［2016b］，MUFG［2016］）。
- ミャンマー語のMFRSがない（YUE［2015］）。
- MFRSに強制力がない（不準拠に対する罰則規定がない）（MMF［2016］）。
- 財務諸表のフォーマットが決まっていない（MCB［2016］，金融庁［2016b］）。

以上を要約すれば，新軍事政権から民主的政権への政権交代期に，会計・監査のインフラ整備は急速に進められた。しかし，それを実践させるための枠組みが整備されておらず，作成者側に制度を使用する動機づけがないことが明らかとなった。「資本市場の存在意義とそのインフラとしての会計・監査制度」という認識が普及しなければ，会計・監査実務の向上は極めて困難であろう。

（2）会計高等教育の欠如

一般に，会計実務の水準の低さについて，会計教育の欠如を原因とすることも考えられる。会計教育の欠如は，開発途上国や社会主義国では，共通した問題となっている（Burlaud［2017］，Enthoven［1981］）からである。ここでは，簿記教育，会計高等教育，および会計専門職教育について現状を確認する。

まず，簿記教育に関してであるが，ヤンゴン市内の会計・経営学校の状況は，**図表4-1**のとおりである（2008年～2009年）。LCCI学習者が圧倒的で，これらの学校では，LCCIの資格取得をめざした受講者に英国式の簿記を教えている（*YUE [2016a]*）。ヤンゴン市内の人口は約410万人であるが，LCCI受講者は年間約12,000人で，多くの簿記学校に分散[9]しており，今後の外国企業とミャンマー企業による会計人材の需要にはとても応じられないと考えられている（Khine [2010] p.23）。

[図表4-1] ヤンゴン市内の会計・経営学校（単位：校数）

科　目	会計・経営	その他コース
単独科目	45	―
ジョイント科目	57	12

（出所）Yangon Education Directory より筆者作成。

また，LCCIは簿記技術のみで，帳簿作成の意義や規範については教えていないため，実務での応用力は身につかないとされる。LCCI資格は，レベル1からレベル4の4段階に分かれており，合計37科目となっている。分野としては，①Business, administration and IT，②Financial and quantitative，③English language，④Marketing and customer serviceの4つであるが，ヤンゴン市内の会計・経営学校が主に目指しているのは，②の「Financial and quantitative」である。

9　大手の簿記学校4校でも，シェアは12％程度である（Khine [2010] p.23）。

54

[図表 4-2] LCCIのカリキュラム

Level 1	
Bookkeeping	Introductory Certificate in Bookkeeping (ICB)
Level 2	
Bookkeeping and Accounts	Bookkeeping and Accounting
Business Calculations	Business Statistics
Computerised Bookkeeping	Cost Accounting
Principles of Credit Management	
Level 2 Diploma	
Accounting and Finance	Computerised Accounting
Cost Accounting / Finance	Managerial Accounting Finance
Level 3	
Accounting	Accounting (IAS)
Advanced Business Calculations	Business Statistics
Computerised Accounting Skills	Cost Accounting
Cost and Management Accounting	Financial Accounting
Management Accounting	Preparing Financial Statements for a Sole Trader
Principles and Practice of Costing	Principles of Auditing
Professional Ethics in Accounting and Finance	Understanding Financial Statements
Level 3 Diploma	
Accounting and Finance	Cost Accounting / Finance
Management Accounting	
Level 4	
Applied Business Economics	Business Finance and Banking Operations
Financial Accounting	Islamic Finance and Banking
Management Accounting	Organisational Behaviour and Performance
Level 4 Diploma	
Accounting and Finance	

（出所）PEARSONホームページ（https://qualifications.pearson.com/en/home.html）をもと
　　　に筆者作成。

次に，大学における会計高等教育の状況についてみてみたい。1988年，民主化運動がラングーン工科大学から起こり全国に拡大した。民主化運動が大学を起点として起こったことにより新軍事政権は大学の「非政治化」を進め，10年以上にわたりヤンゴン市内の大学を閉鎖したり，地方に移転させたりした（増田［2010]）。

その代償は大きく，高等教育全体の質を低下させた。具体的には，新軍事政権下で軍事・医療・技術教育が優先され，会計高等教育のようなビジネス関連科目は軽視された。会計学を教える大学が前述の3大学しかないことが，その弾圧の影響を物語っている。

最後に，会計専門職教育について確認する。公認会計士資格（**資料13**を参照）を取得するには，その前提として，商学または会計学学士の取得が必要である。以前は，YUEの学士号のみが認められていたが，現在は会計高等教育を行う3大学の学士が認められている。それらの学士号取得後に最終成績を添付の上で，MACの会計士養成コースへ応募して選抜される必要がある[10]。

さらに，MACの会計士養成コースに入学が認められた者は，MACの会計士養成コースで2年間勉強しなければならない。2年間，養成コースの講義を受講するのと同時進行で会計事務所等において実務経験を経た後，試験に合格すれば公認会計士となる。そして，監査業務を行うためには，さらに2年間の監査業務経験を経た後に，開業会計士としてMACに登録しなければならない（*渡場［2014 a,b]*）。

軍事政権時代には，公認会計士の専門職教育もあまり行われておらず，監査の質も現在よりさらに低かった（*FMI［2016], MMF［2016]*）。なお，近年では日本公認会計士協会も支援に乗り出し，研修等が積極的に進められている。

（3）（1）と（2）の両方

検証の結果，会計インフラの整備については，いまだ十分ではないものの，

10　成績の優秀な者のみが選抜される。

新軍事政権末期以降，急速に行われている最中であることがわかった。しかし，その一方で，訪問面接調査の結果からは，実務の現場ではその成果がまったく表れていないことも示された（MSEC [2016a]，金融庁 [2016b]，MMF [2016]）。これは，会計インフラを機能させるためには資本市場を前提とした会計高等教育が不可欠であるにもかかわらず，会計高等教育が十分になされていないことに起因すると考えられる。その意味で，会計インフラ未整備仮説は，会計高等教育の欠如仮説と連動していることがわかる。

この問題の根源には，第3章にて詳述したように，旧軍事政権・新軍事政権による2つの政策がある。

第1に，大学の「非政治化」政策である。ヤンゴンの学生から民主化運動が起こったことから，学生弾圧のため10年以上にわたり大学を閉鎖したり，地方にキャンパスを移転させたりといった政策がとられた。1999年1月以降，医学，コンピューターサイエンス，エンジニアリング分野では大学における高等教育が順次再開されたが，他の領域での高等教育が完全に再開されたのは2000年7月であった。

学生が民主化運動を行えば大学閉鎖で対処するということを続けた結果，学生や教員の質は大幅に低下し，現在でもいまだ低い状態のままとなっている。最近まで，3つの経済大学を優秀な成績で卒業した者は，そのまま政府の研修を受けて公認会計士になることができた。しかし，大学教員が政府のための学生の管理者として位置づけられ（ADB [2013]），教育方法も，学生の能動的な姿勢を阻害するような完全に受け身の形のものに限定されていたため，公認会計士の能動的な姿勢も失われた。

第2に，軍事優先政策である。軍事政権下においては，軍事・医療・技術教育が優先されたため，会計学のような資本市場を前提としたビジネス関連の科目は軽視された。その結果，いくら精緻な会計関連諸制度を整備しても，その趣旨を理解し実践していくための人材，とりわけ公認会計士を含め会計実務のリーダーとなるべき人材が不足しているので，制度が機能しないという構造になっている。

第5章

ミャンマーの会計高等教育改革と今後の方向性

1　会計高等教育改革の必要性

　ミャンマー会計においては，旧宗主国である英国の影響が大きく，軍事政権下でもそれが継承されてきた。しかし，会計に対する「意識」は英国から継承されることはなく，現在でも会計実務に携わる担当者は作成目的ごとに会計数値を変えること等に関して違和感をもっていない。証券取引所創設に伴う上場企業ですら，資金調達が目的ではなく，単に政府の政策に基づく要請に応じたものであった（*MSEC [2016b]*）。国民の納税意識も非常に低く，また税額は税務当局との交渉によって定められるため，会社に都合の良い納税計算が行われている（*MMF [2016]*）。

　一般に，開発途上国の教育開発には，『教育を普及させる』という最終目標がある。教育という観点からは，以下のようなアプローチが考えられる（河野[2002]）。

① 　経済開発アプローチ：教育が経済発展をもたらすという考え方で，国民というより国家，社会の量的・質的な経済発展であり，「アジア的民主主義」といわれるアプローチ。

② 　社会開発アプローチ：教育を社会セクター分野の1つとして扱う考え方で，教育が他の社会セクターに好影響を及ぼすと

考えるアプローチ。

③　社会資本アプローチ：社会・経済との関係を問わず，人間自身が教育を
　　　　　　　　　　　　受けることに意味があり，それを社会が保障すべ
　　　　　　　　　　　　きというアプローチ。

④　新たな理念の可能性

　社会資本アプローチの立場に立っているアマルティア・センは，人間の潜在
能力を軸として開発の意味を根本的に問い直している（アマルティア・セン
[2002]）。センは，「貧困とは，個々人の基本的な潜在能力が欠如している状態
であり，開発とは個々人の潜在能力の拡大を意味する」と定義した。また，セ
ンは，『福祉の経済学』の序文で，「富裕に焦点を合わせたり，効用に関心を集
中する従来のアプローチを批判し人が機能する潜在能力（ケイパビリティ）に
関心を寄せるべき」と主張している。ここで潜在能力（ケイパビリティ）とは，
「人が良い生活や良い人生を生きるために，どのような状態（being）でありた
いのか，そしてどのような行動（doing）をとりたいのかを結びつけることか
ら生じる機能（functioning's）の集合」のことをいう（アマルティア・セン
[2002] p.167）。

　ここで，途上国の教育改革のメカニズムを考えるにあたり，改革が行われる
背景や過程についても確認する。Haddad & Demsky [1995] は，次のように
説明している。まず，当該国において問題があると認識されている教育現象に
関して現状分析を行い，その分析に基づきながら，いくつかの政策オプション
を提示する。その際，国内の教育状況をみるだけでなく，社会的・政治的な構
造や経済の状況，国家の優先課題などを考慮に入れて判断を下さなければなら
ない。また，それらの政策オプションに関して，「実行可能性（feasibility）」，
「（経済面などにおける）負担可能性（affordability）」，「要望の度合い・妥当性
（desirability）」などを評価した後に，政策決定を行うことになる（廣里・北村
[2007]）。

　これらを総合するに，ミャンマーに適している教育開発援助は，経済成長優

先というより，変革の遅速は重要だが，まず個人の潜在能力（ケイパビリティ）の欠如に焦点を合わせ，教育効果発現の実効性に向け行うことが重要であると考えられる。ミャンマーの会計・監査実務の低水準を解決するには，政府主導で，抜本的な会計教育および会計専門職教育の改革が必要となる。具体的には，以下のような方策が考えられよう。

① 民間の簿記教育はIFRSを前提としたものに変更し，簿記技術教育から会計高等教育への教育内容の変更を検討する。

② 会計高等教育を充実させるため，会計を教える大学の数を増加させる。また，会計高等教育のできる人材を育成するために，優秀な学生を海外の大学で教育する。

③ 専門職教育の嵩上げを行う。国際的な監査法人で訓練する。

①について，現状の民間における簿記教育は，IFRSともMFRSとも必ずしも整合的でなく，簿記教育と会計高等教育がつながっていない状態にある。しかし，MFRSとの継続性を意識した簿記教育では，今後の国際化に繋がらないという自己矛盾に陥る。なぜなら，MFRSは2011年以降のIFRSの新設改廃を反映しておらず，IFRSとの乖離が目立つようになってきているからである。そこで，MFRSではなく，会計基準として，IFRSのアドプションを目指し，同時に簿記教育もそれを意識したものとする必要がある。

次に，②については，まず，会計関連科目（財務会計・管理会計・ファイナンス・会計監査・ガバナンス等の科目）を教える大学の数を増やし，会計関連の理解力と知識を持った人材を抜本的に増加させる必要がある。大学における財務会計教育によって，資本市場を意識した財務公開制度を理解できる人材を育成することが必要である。

また，③については，MICPAを中心とした国内での研修のみでなく，国際的な支援が必要であろう。大学教育は英語で行われているので，英語圏の監査法人での研修が妥当だと考える。

2 ミャンマーの今後

政治体制の移行に伴う政治経済の改革には，大きく2つの考え方がある。急進主義と漸進主義である。

急進主義とは，ビッグバンとも呼ばれるものであり，市場経済への移行，改革を迅速かつ包括的に進めることである。東欧諸国の計画経済から市場経済への移行状況をみると，ポーランド，チェコ，スロバキアなどは，急進主義的移行を行い成功した国といえる（Gartin[2009]）。この移行形態のメリットは，改革の痛みを最小限度にとどめられることである。一方で，国家体制の移行が，しっかりと市場経済を志向した生産システムとの連携がないと，逆戻りが生じ，経済の停滞を引き起こす可能性もある。

漸進主義は，漸進的・部分的・穏健的な社会改革を志向する政治思想上の立場であり，ハンガリーや中国などが漸進主義的移行の成功事例といえよう。

いずれの移行パターンをとるべきかについては，明確な判断基準が存在しているわけではなく，複雑な改革，移行を経て政治体制が新システムになるためには，速度（speed），規模（scale），順序（sequencing）をトータルして考える必要がある（鍾[2001]）。

ミャンマーにおいては，民主化運動が鎮圧された後，非政治政策により大学は10年以上閉鎖された。これだけの期間にわたり大学が閉鎖されると，学生は通常の課程で修了できない。そのため卒業に必要な時間数は短縮され，4年の課程であったものを1年から1年半で卒業できる措置がとられた。高等教育機関の閉鎖は，大学の教育や研究の質に影響を与えたのみならず，社会の高等教育機関に対する信用を下げることにもなった（増田[2010]）。1988年の民主化運動の時には20校であった高等教育機関は，現在，169校まで急増している。国家省庁12省の管轄体制になっており，複雑な体制が敷かれている。しかし，民主化後のNLDの教育再興政策にもかかわらず，現在に至るまで高等教育機関の閉鎖による質の低下の解決には至っていない。政権取得後のNLDは政治

家でない者が多数で政治的対応が十分ではなかったため，大衆の期待との乖離が現れ，思うような浸透が図れていなかった（*MUFG* [*2016*]）。また，宿題教育の結果，学生に柔軟性に欠けるところがあるともいわれている（*MUFG* [*2016*]）。

　結果としてミャンマー会計は，軍事政権の影響等により，国際的な会計の潮流のみならずASEANの中でも劣位にある。特に，教育セクターの制度的・組織的・人的能力の脆弱さなどの課題にどう対処するかが問われる。他国がミャンマーに教育開発援助を行うにあたり，多額の予算を投入したものの，それに見合う成果を発見しづらい，といったことがある。しかし，ミャンマーの現状の下では経済成長の遅れを取り返すため早急の変革を求めることになってしまいがちだが，変革の遅速に関してはあらゆる点を加味した包括的な対応が必要である（鐘 [2001]）。問題解決にあたり，ミャンマーの現状と今後の進展に対する改革スピードは重要な問題ではあるものの，経済成長の最重点である教育援助は，個人の成長にポイントを当てるべきであろう。ポイントを得た実態的普及を図る必要がある。

　ミャンマーは，「アジア最後のフロンティア」といわれるように，民主化政権の誕生とともに，良質な労働力，穏やかな国民性，豊富な地下資源，地政学的に重要な位置，軍事政権への反動などの要因から，振幅の大きな成長の期待を寄せられている。政治のリーダーシップの下，制度的，社会的な改革を講じる必要がある。

終　章

研究の成果と残された課題

　本書では，訪問面接調査の結果に基づいて，ミャンマーの会計・監査実務の問題点を次のように指摘した。

（1）　一般的な会計リテラシーの低さ

（2）　会計ルールへのコンプライアンス意識の欠如

（3）　会計監査の質的・量的な不十分

　このような実態の原因について，以下の3つの仮説を立てて検討を行った。

（a）　会計インフラの未整備

（b）　会計高等教育の欠如

（c）　（a），（b）の両方

　まず，このような実務の原因が会計インフラの未整備との仮説（a）に基づいて検討を行い，先進諸国にある資本市場インフラ，会計関連インフラ，および公認会計士制度等の多くが近年整備されたことがわかった。しかし，現在のところ財務諸表の作成者も利用者もそれらの制度の存在意義を理解していない。これらの制度を機能させるには，資本市場を前提とした会計高等教育が不可欠であるため，会計インフラ未整備仮説は，教育の欠如仮説と連動していることがわかった。

　次に，このような実務の原因が，簿記教育，会計高等教育および専門職教育の欠如にあるとの仮説（b）に基づいて検討を行い，簿記教育・会計高等教

育・専門職教育のいずれも極めて不足していることがわかった。今後，資本市場が増大等していけば，ますます人材不足となるであろう。大学における会計教育を弾圧し，一般の会計リテラシーの低さや公認会計士の不足をもたらした軍事政権の責任が問われるところである。

　以上より，ミャンマーの会計・監査実務に関する深刻な現状をもたらした原因は，会計インフラを機能させるための会計高等教育が全般的に欠如していることであり，また，それらの根源には，会計高等教育を軽視してきた軍事政権の政策があったことが明らかとなった。ミャンマーの軍事政権下においては，会計高等教育の欠如に加え，民主化運動に対する措置としての軍部による大学教育への弾圧がなされたため，会計高等教育ができなかったという側面が観察される。これらの問題を解決するためには，会計インフラの経済社会への定着，および簿記教育・会計高等教育・会計専門職教育の制度整備を同時並行で展開する必要があると考えられる。会計インフラの経済社会への定着は，関連する人々の会計教育のレベルと密接に関連するからである。

　このような議論を背景に，どのような場合に，どのような原因から会計基準の無機能化が発生するのかについても考察を行った。ミャンマーでは，1999年に当時のIASをMASとして自国基準化し，さらに，2009年に当時のIFRSを同様にMFRSとして自国基準化しているが，MAS/MFRSともに，それ以降の国際基準における新設改廃を反映していないだけでなく，未だ当該国の会計実務にまったく定着していない。つまり，外生的会計基準の無機能化という現象が発生している。このような場合，ミャンマーは実務への定着を目指していたがうまくいかなかったという仮説と，ミャンマーはもともと実務への定着を目指していたのではなく，国際的に認められている会計・監査の基準を導入したという事実の公表を目的としていたという仮説が考えられるが，過去の限られた文献・統計，および国際的機関の調査に加えて，訪問面接調査を実施することによって，後者の仮説がよりミャンマーの状況を説明しうると判断された。ミャンマーは，新軍事政権による民主化弾圧を契機とした欧米からの経済的制裁を解除・緩和してもらうために，国際社会に向けて透明性（transparency），

国際性（internationality），開放（openness）を示したと推定される。

　本書の貢献については，以下のとおりである。第1に，ミャンマーの会計研究に対する貢献である。第2章にて確認したように，ミャンマーの研究者によるアカデミックな会計研究はほとんどなく，国外の研究者による研究もごくわずかである。政府の調査や企業統計に関する蓄積すらほとんどない状況下で，10回にわたりミャンマーに行き，現地で訪問面接調査を行った意義は大きく，そのような点で本書はミャンマーの会計研究の積み上げの一助となり得るものである。

　第2に，政治体制の転換と会計に関する研究への貢献である。本書では，ミャンマーが旧軍事政権から新軍事政権，そして民主化という政治体制を経て現在に至ったことを政治的・経済的背景として踏まえた上で，会計高等教育への影響を検証し，会計・監査実務の現状をもたらした要因を分析しているが，このように特定の政治体制が現在の会計・監査実務の問題点を生み出したという事例は，今後の開発途上国や移行経済国における会計の諸問題を検討するにあたり，貴重な材料となると考える。

　第3に，外生的会計基準の無機能化に関する研究への貢献である。本書におけるミャンマーの事例研究の結果，①強制的同型化が発生していること，および②企業における準拠の積極的メリットがなく，会計監査制度は機能しておらず，さらに不準拠に対する罰則規定がないこと，という外生的会計基準の無機能化の条件を得ることができた。

　本書の限界および今後の課題については，以下の点が挙げられる。第1に，本書は，ミャンマーの単一事例研究であり，ミャンマー固有のコンテクストの中でミャンマー独自の問題を考察することに主眼を置いている。そのため，比較等によるミャンマー会計の普遍化を直接の目的とはしていない。

　第2に，本書で実施した訪問面接調査・質問票調査とそれに対する検討については，プリミティブな部分が残存する。これは，ミャンマーの会計・監査実

務に係る資料やデータが十分でないばかりか，ミャンマーにおいては政治的な理由から会計に係る研究に対するアカデミックな関心が低く先行研究も乏しいため，より深い調査・研究が困難な側面があるためである。

第3に，本書で提示した仮説の検証に関しては，今後他の無機能化のケース等によって行われることが期待される。

本書で検討した点を踏まえてさらなる研究を行うことは，今後の課題としたい。

【資　　料】

資料 1 ： 質問票調査に用いた質問紙および回答・68

資料 2 ： 会計高等教育を実施している３大学の概要・73

資料 3 ： IFRSとMFRSとの比較・76

資料 4 ： ミャンマー政治経済小史・82

資料 5 ： ミャンマー王朝時代から現在に至る国の変遷・84

資料 6 ： 歴代大統領の変遷・85

資料 7 ： 移行経済の観点からみたミャンマーと
　　　　　ベトナムの比較・86

資料 8 ： 中小企業ASEAN７ヵ国の会計実務状況表・90

資料 9 ： ヤンゴン証券取引所上場５社の状況・110

資料10 ： ミャンマーの会計事務所の概要・114

資料11 ： ミャンマー上場５社の財務分析・116

資料12 ： YSXとベトナム，ラオス，カンボジアの
　　　　　証券市場比較・120

資料13 ： ミャンマーの公認会計士資格取得の流れ・121

資料1　質問票調査に用いた質問紙および回答

Dear Sirs and Madams:

We have investigated the current situation of Burmese companies listing on the Yangon Stock Exchange. Please answer the following questions concerning your company's listing on the Yangon Stock Exchange, especially those about preparing financial statements based on the IFRS. If you find difficulty in answering or do not want to answer a question, you may skip it.

We promise we will only use the results of this questionnaire for academic purposes.

Q1. When did you start to prepare listing on the Yangon Stock Exchange?
- ① Six months ago
- ② One year ago
- ③ Two years ago
- ④ Over two years ago

Q2. What was your purpose of listing?
- ① Fundraising
- ② Advertisement of the company or enhancement of the company's reputation
- ③ A request from the government
- ④ Other (Please explain below.)

Q3. Was it difficult to prepare financial statements based on the IFRS?
- ① When listing, we did not change them from those based on the IFRS.
- ② Before listing, we had prepared them based on the IFRS.
- ③ It was very difficult and/or costly to prepare them based on the IFRS.
- ④ It was not difficult to prepare them based on the IFRS.

Q4. If you answered ③ to Q3, please answer the following question:

資料 1 　質問票調査に用いた質問紙および回答　69

What was the main cost of preparing F/Ss based on the IFRS?

① Consultation cost

② Auditing cost

③ Listing fee

④ Other（Please explain below.）

Q5. What was most challenging about listing?

① Understanding certain concepts of the IFRS（conceptual difficulties）

② Preparing the financial statements（practical difficulties）

③ CPA's strict auditing process

④ Other（Please explain below.）

Q6. If you answered ④ to Q3, please answer the following question:

What could you easily prepare to do regarding the financial statements based on the IFRS?

① Have ample preparation time before listing

② Experience listing on another stock exchange

③ Get excellent advisers

④ Other（Please explain below.）

Q7. What do you think about the current level of the accounting practices in Myanmar?

① I am happy with it

② It is average

③ I feel negatively about it

④ Other（Please explain below.）

Q8. If you chose answer ③ to Q7, please answer the following question:

What is the main problem with the accounting practices in Myanmar?

① Lack of accounting education at universities

② Lack of practical education（e.g. LLIC）

③ Lack of sophisticated rules

④ Other（Please explain below.）

70

質問票（日本語版）と回答結果

Ｑ１：ヤンゴン株式市場に上場する準備を始めたのはいつですか？

①	６か月前	1
②	１年前	2
③	２年前	0
④	２年以上前	1
⑤	未回答	0

Ｑ２：上場の目的は何ですか？

①	資金力を高めるため	1
②	会社の広告宣伝と会社の評判を高めるため	4
③	政府からの要請	0
④	その他	0
⑤	未回答	0

Ｑ３：IFRSに基づいた財務諸表を作成するのは難しかったですか？

①	上場するときにIFRSに基づいた財務諸表から特に変えなかった。	0
②	上場する前に，既にIFRSに基づいた財務諸表を作成していた。	2
③	IFRSに基づいた財務諸表を作成するのはとても難しかった。あるいはコストがかかった。	0
④	IFRSに基づいた財務諸表を作成するのは難しくなかった。	1
⑤	未回答	1

Ｑ４：Ｑ３で③と回答された方は下記の問いに答えてください。IFRSに基づいた財務諸表を作成するのに主にかかったコストは何ですか？

①	コンサル費用	1
②	監査費用	1
③	上場代金	2
④	その他	0
⑤	未回答	2

（注）Ｑ３の問いに対し，③は該当がなかったが，質問先企業が質問内容を充分理解し

資料1　質問票調査に用いた質問紙および回答　71

ていなかったと思われ，Q4の回答を行っている。

Q5：上場するのに最もチャレンジングだったことはなんですか？

①	IFRSのコンセプトそのものを理解するのが難しかった（概念的な難しさ）	0
②	財務諸表を準備すること（実務的な難しさ）	0
③	公認会計士の厳しい監査の過程	0
④	その他	0
⑤	未回答	4

※1社よりコメント　　財務諸表より，ほかの書類の作成がとても多い。

Q6：Q3で④と回答された方は下記の問いに答えてください。なぜIFRSに基づいた財務諸表を作成するのが容易だったのでしょうか？

①	上場前に十分な準備時間があった。	0
②	他の株式市場に上場した経験があった。	1
③	良いアドバイザーがいた。	1
④	その他	1
⑤	未回答	2

※④と回答した1社よりコメント　　ミャンマーの銀行のCBMへの日次での報告はアップデートの方法に基づきます。言い換えると，IFRSはMFRSに似ているので基本的に難しくないのです。

（注）Q3の質問に対し，④に回答しなかった1社がQ6の質問に答えている。

Q7：ミャンマーの会計実務のレベルについてあなたはどう思いますか？

①	良いと思う。	0
②	平均的だ。	3
③	否定的に思う。	1
④	その他	0
⑤	未回答	0

Q8：Q7で③と回答された方は下記の問いに答えてください。ミャンマーでの会計実務の主な問題点は何ですか？

①	大学での会計教育の不足	1
②	実務教育の不足	0
③	きちんとした規則の不足	2

④	その他	0
⑤	未回答	1

（注）Q7の質問に対し，③と回答しなかった2社がQ8の質問に回答している。

資料2 会計高等教育を実施している3大学の概要

• ヤンゴン経済大学（Yangon University of Eccnomics）ヤンゴン管区

　YUEは，ミャンマーで経済・商業を教える最初に設立された大学であり，ヤンゴン市内に位置している。1924年に創立され，1964年には，高等教育の大学と認可された。YUEは，他の2大学ができるまでは唯一の「会計学」を教える大学であり，ミャンマーの会計学教育の中心であった。これまでに6万人以上の卒業生を輩出している。YUEの講義科目は以下のとおりである。

[YUEの講義科目]

Program	Certificate	Diploma	Bachelor's	Master's	Doctoral
Accounting	－	－	B.Act	M.Act	－
Commerce	－	－	B.Com	M.Com	Ph.D (Com)
Economics	－	－	B.Econ (Eco)	M.Econ (Eco)	Ph.D (Eco)
Statistics	－	－	B.Econ (Stats)	M.Econ (Stats)	Ph.D (Stats)
Population Studies	－	－	BPS	－	－
Business Administration	－	－	BBA	MBA	－
Public Administration	－	－	BPA	MPA	－
Development Studies	－	DipDS	BDevS	MDevS	－
Banking and Finance	－	－	－	MBF	－
Marketing	－	DIM	－	－	－
Research Studies	－	Dip RS	－	－	－
Business Studies	CBS	DBS	－	－	－
Financial Accounting	－	DFAc	－	－	－
Management Accounting	－	DMAc	－	－	－
Secretarial Management	－	DSM	－	－	－
Advanced Business Studies	CABS	－	－	－	－
ASEAN Economic Studies	CAES	－	－	－	－

M.Econ (Eco), M.Eco (Stats), MPS and M.Com, M.Act are Regular Degree Programme and day course for bachelor student from YUE. MPA, MDevS, MBA and MBF are professional Degree Programme also for other graduates students.

（出所）YUEからのヒアリングをもとに筆者作成。

なお，現在，YUEで使用されている会計の教科書は，ICAEW作成のもの＊であり，ミャンマーで作成された教科書は見受けられなかった。

> ＊例えば，訪問面接調査の際に用いられていた教科書は「ICAEW ACCOUNTING STUDY MANUAL For Exams From 2015」であった。

・モンユア経済大学（Monywa Institute of Economics）ザガイン管区

モンユア経済大学は，1998年9月設立された。現在行われている講義科目は，以下のとおりである。

［モンユア経済大学の講義科目］

Program	Diploma	Bachelor's	Master's	Doctoral
Accounting	—	B.Act	M.Act	—
Business Administration	—	BBA	MBA	—
Commerce	—	B.Com	M.Com	Ph.D（Com.）
Economics	—	B.Econ.	M.Econ.	Ph.D（Econ.）
Public Administration	—	—	MPA	—
Statistics	—	B.Econ.(Stats)	M.Econ.(Stats)	Ph.D（Stats）
Development Studies	DipDS	—	—	—

（出所）YUEからのヒアリングをもとに筆者作成。

・メイティラ経済大学（Meiktila Institute of Economics）マンダレー管区

メイティラ経済大学は3大学の中でも最も歴史が新しく，2001年に設立された。現在行われている講義科目は，以下のとおりである。

［メイティラ経済大学の講義科目］

Program	Bachelor's	Master's	Doctoral
Business Administration	BBA	MBA	—
Commerce	B.Com	M.Com	Ph.D（Com.）
Economics	B.Econ.	M.Econ.	Ph.D（Econ.）
Public Administration	—	MPA	—
Statistics	B.Econ.（Stats）	M.Econ.（Stats）	Ph.D（Stats）

（出所）YUEからのヒアリングをもとに筆者作成。

資料2　会計高等教育を実施している3大学の概要　75

［ミャンマー国内3大学における会計学の講師等の人数］

	ヤンゴン 経済大学 （商学部）	モンユア 経済大学 （商学部）	メイティラ 経済大学 （商学部・ 経営学部）
1　Head^(注)（学部長／学科長）	1	1	2
2　Professor（教授）	1	1	3
3　Associate Professor（准教授）	2	－	1
4　Lecturer（講師）	18	5	12
5　Assistant Lecturer（助講師）	13	8	10
6　Tutor（チューター）	7	9	7
合　　計	42	24	35

（注）　ミャンマーの大学では，博士号を取得していなければ「Professor（教授）」，「Associate Professor（准教授）」にはなれないが，博士号を取得していない場合も「Head（学部長／学科長）」にはなることができる。
　　　　Tutorは，教員に入れないとすると78名となる。今後の会計教育の充実には，大きな制約となっている。
（出所）筆者作成。

76

資料3　IFRSとMFRSとの比較

　MFRSは，IFRSの2009年版であり，それ以降に発効されたIFRSの変更に対する
MFRSの更新はなされていない。したがって，IFRS第9号（金融商品），第10号（連
結財務諸表），第11号（合併契約），第12号（その他の事業体への持ち分の開示），第
13号（公正価値の測定），第14号（規制上の繰延勘定），第15号（顧客との契約による
収益），第16号（リース）については，MFRSには組み込まれていない。第1号から
第8号までのIFRSとMFRSの相違点は，下記のとおりである。

[第1号～第8号IFRSとMFRSの比較]

	IFRS第1号	MFRS第1号
構　　成	「はじめに」，「目的」，「範囲」，「認識および測定」，「表示および開示」，「発効日」，「2003年発行済みIFRS第1号の廃止」，「付録」の構成である。	左記のうち「はじめに」，「発効日」，「2003年発行済みIFRS第1号の廃止」の項目がない。「はじめに」の項目には，IFRS公表の理由，主な特徴が記載されている。
基準の表記	IFRS，IAS，IFRSsと表記。	MFRS，MAS，MFRSsと表記。Internationalの表記をMyanmarに置き換えている。
採用機関	基準および解釈は，国際会計基準審議会（IASB）によって採用される。	基準および解釈は，ミャンマー会計審議会（MAC）によって採用される。
IFRS第1号の修正	2009年7月公表の「初度適用企業に対する追加的な免除」（IFRS第1号の修正）により，第31A項，D8A項，D9A項およびD21A項が追加され，D1項（c），（d）および（l）が修正された。2010年1月1日以後開始事業年度適用（第39A項）。	左記IFRS修正が反映されていない。

IFRS第9号	2009年11月公表のIFRS第9号「金融商品」により，第29号，B1項およびD19項が修正され，第29A項，B8項，D19A項からD19C項，E1項およびE2項が追加された。発効日2013年1月1日（第39B項）。	左記IFRS修正が反映されていない。
IFRIC第19号	2009年11月公表IFRIC第19号「資本性金融商品による金融負債の消滅」により，D25項が追加された。発効日2010年7月1日（第39C項）。	左記IFRS修正が反映されていない。

	IFRS第2号	MFRS第2号
構　　成	「はじめに」，「目的」，「範囲」，「認識」，「持分決済型の株式報酬取引」，「現金決済型の株式報酬取引」，「現金選択権付の株式報酬取引」，「グループ企業間の株式報酬取引（2009年改正）」，「開示」，「発効日」，「解釈の廃止」，「付録」の構成である。	左記のうち「はじめに」，「グループ企業間の株式報酬取引（2009年改正）」，「発効日」，「解釈の廃止」の項目がない。
基準の表記	IFRS，IAS，IFRSsと表記。	MFRS，MAS，MFRSsと表記。Internationalの表記をMyanmarに置き換えている。
グループ内の現金決済型株式報酬取引」	2009年6月に公表された「グループ内の現金決済型株式報酬取引」にて，第2項の修正，第3項の削除ならびに第3A項と第43A項から第46項，付録Bの一部が追加され，付録Aの用語の定義が改定された。2010年1月1日以後開始事業年度適用（第63項，第64項）。	左記修正が反映されていない。

	IFRS第3号	MFRS第3号
構　　成	「はじめに」,「目的」,「範囲」,「企業結合の識別」「取得法」「事後の測定と会計」「開示」,「発効日と変遷」,「IFRS第9号参照」「IFRS第3号（2004）の廃止」,「付録」の構成である。	左記のうち「はじめに」,「発効日と変遷」,「IFRS第9号参照」「IFRS第3号（2004）の廃止」,の項目がない。
基準の表記	IFRS, IAS, IFRSsと表記。	MFRS, MAS, MFRSsと表記。Internationalの表記をMyanmarに置き換えている。
IFRS第9号	2009年11月に公表された。IFRS第9号により, 第16項, 第42項および第58項が修正された。発効日2013年1月1日（第64A項）。	左記修正が反映されていない。
「付録C」（他のIFRSの修正）の項目	記載あり。	記載なし。

	IFRS第4号	MFRS第4号
構　　成	「はじめに」,「目的」,「適用範囲」,「認識および測定」,「開示」,「発効日と経過措置」,「付録」の構成である。	左記のうち「はじめに」の項目がない。
基準の表記	IFRS, IAS, IFRSsと表記。	MFRS, MAS, MFRSsと表記。Internationalの表記をMyanmarに置き換えている。
IFRS第9号	2009年11月に公表されたIFRS第9号により, 第3項および第45項が修正された。発効日2013年1月1日（第41C項）。	左記修正が反映されていない。
「発効日と経過措置」	第41A項　記載内容。2005年8月に発行された「金融保証契約」（IAS第39号およびIFRS第4号）の修正により, 第4項（d）, B18項（g）, B19項（f）が修正されることになった。	MFRS第41A項にも2005年8月に発行された「金融保証契約」（IAS第39号およびMFRS第4号）以下略, との記載がある。ただし, 2005年8月時点ではMFRSは発行されていない。

資料３　IFRSとMFRSとの比較　79

「付録C」（他のIFRSの修正）の項目	記載あり。	記載なし。

	IFRS第５号	MFRS第５号
構　　成	「はじめに」，「目的」，「範囲」，「売却目的又は所有者分配目的で保有する非流動資産（又は処分グループ）の分類」，「売却目的保有に分類された非流動資産（又は処分グループ）の測定」，「表示および開示」，「経過措置」，「発効日」，「IFRS第35号の廃止」，「付録」の構成である。	左記のうち「はじめに」，「経過措置」，「発効日」，「IFRS第35号の廃止」の項目がない。
基準の表記	IFRS，IAS，IFRSsと表記。	MFRS，MAS，MFRSsと表記。Internationalの表記をMyanmarに置き換えている。
「IFRSの改善」追記	2009年４月に公表された「IFRSの改善」により，第5B項が追加された。2010年１月１日以後開始事業年度適用（第44E項）。	左記修正が反映されていない。
「付録C」他のIFRSの修正の項目	記載あり。	記載なし。

	IFRS第６号	MFRS第６号
構　　成	「はじめに」，「目的」，「範囲」，「探査および評価資産の認識」，「表示」，「減損」，「開示」，「発効日」，「経過措置」，「付録」の構成である。	左記のうち「はじめに」，「発効日」，「経過措置」の項目がない。
基準の表記	IFRS，IAS，IFRSsと表記。	MFRS，MAS，MFRSsと表記。Internationalの表記をMyanmarに置き換えている。

「付録B」他のIFRSの修正の項目	記載あり。	記載なし。

	IFRS第7号	MFRS第7号
構　成	「はじめに」,「目的」,「範囲」,「金融商品の種類および開示水準」,「財政状態および業績に対する金融商品の重要性」,「発効日および経過措置」,「IAS第30号の廃止」,「付録」の構成である。	左記のうち「はじめに」,「発効日および経過措置」,「IAS第30号の廃止」の項目がない。
基準の表記	IFRS, IAS, IFRSsと表記。	MFRS, MAS, MFRSsと表記。Internationalの表記をMyanmarに置き換えている。
IFRS第9号との関係	2009年11月に公表されたIFRS第9号により,第2項,第3項,第8項,第9項,第20項,第29号および第30号その他が修正されている。発効日2013年1月1日（第44H項）。	左記修正が反映されていない。
「金融商品に関する開示の改善」（IFRS第7号の修正）	2009年3月に公表された「金融商品に関する開示の改善」（IFRS第7号の修正）により,第27項,第39項およびB11が修正され,第27A項,第27B項,B10A項およびB11A項からB11F項が追加された。2010年1月1日以後開始事業年度適用（第44G項）。	左記修正が反映されていない。

資料3　IFRSとMFRSとの比較　81

	IFRS第8号	MFRS第8号
構　　成	「はじめに」，「基本原則」，「範囲」，「事業セグメント」，「報告セグメント」，「開示」，「測定」，「企業全体の開示」，「経過措置および発効日」，「IAS第14号の廃止」，「付録」の構成である。	左記のうち「はじめに」の項目がない。「経過措置および発効日」，「MAS第14号の廃止」が目次にはあるが，内容の記載はない。
基準の表記	IFRS，IAS，IFRSsと表記。	MFRS，MAS，MFRSsと表記。Internationalの表記をMyanmarに置き換えている。
「付録B」他のIFRSの修正の項目	記載あり。	記載なし。

資料4　ミャンマー政治経済小史

西暦	出　来　事
1824年	第1次英緬戦争勃発。
1852年	第2次英緬戦争勃発。イギリスがモッタマ，ヤンゴン占領。
1885年	第3次英緬戦争勃発。イギリス，マンダレーを攻略。 第3次英緬戦争終結，全ミャンマーがイギリスの支配下に入る。
1920年	ラングーン大学設立と同時に第1次学生ストライキ勃発。
1935年	インド統治法によるビルマをインドから分離，ビルマ統治法発行。
1948年	ビルマ連邦独立。国連総会，ミャンマーの国連加盟承認。
1962年	ネー・ウィン，クーデターに成功，革命評議会を結成し，革命政府を樹立。
1963年	ラングーン大学生，反政府デモ，政府は大学を1年間閉鎖し，全大学から反政府的学生を追放。
1974年	国名をビルマ連邦社会主義共和国に変更。
1987年	政府，国連に対し「最貧途上国（LLDC）」を申請。
1988年	ヤンゴンで学生暴発運動発生（ダダービュー事件）。 ヤンゴンでデモ隊と国軍が衝突。 国軍，全権掌握を宣言。ソウマウンを議長とする国家法秩序回復評議会（SLORC）設置。 国名をビルマ連邦に変更。学生，僧侶などの市民管理下にあった12の市町村を国軍が制圧。
1989年	政府，英語国名を「ビルマ」から「ミャンマー」に変更。
1991年	民間銀行の第1号としてミャンマー市民銀行が設立。 アウン・サウン・スーチー，ノーベル平和賞受賞。ただし，国内では放送されず。
1994年	ASEAN外相会議にミャンマー初参加。
1996年	アメリカ，対ミャンマー制裁措置として軍政高官とその家族へのビザ発給を停止。 ヤンゴン市内の大学，事実上閉鎖状態に。
1997年	ミャンマー，ラオスと共にASEAN加盟。
2006年	タン・シュエ議長，新首都（ネピドー）入り。 中央銀行，新首都へ移転。
2007年	テイン・セイン首相代行，首相に就任。

資料4　ミャンマー政治経済小史　**83**

2011年	テイン・セイン，大統領に就任。国家発展評議会（SPDC）は解散。政権は新政府へ。
2012年	アメリカの対ミャンマー経済制裁，ほぼ全面解除。 日本政府，ミャンマーに対して27年ぶりの円借款再開を表明。
2013年	EU，対ミャンマー経済制裁を解除。 中央銀行法施行。
2014年	ミャンマーで初のASEAN会議開催（ネピドーにて），日本の安倍首相，アメリカのオバマ大統領など首脳会談。
2016年	新大統領にティン・チョー（U Htin Kyaw）が選出。36省庁を21に集約し，閣僚を18人とすることを決定。

（出所）田中［2016］290-328頁をもとに筆者作成。

資料5 ミャンマー王朝時代から現在に至る国の変遷

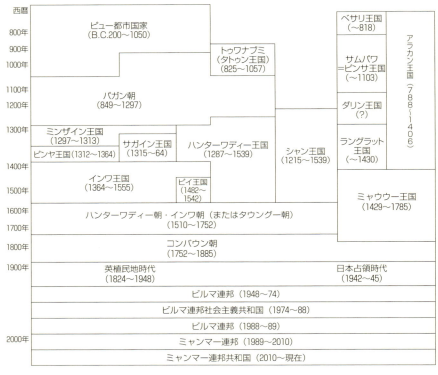

(出所) 田中 [2016] 278頁。

資料6　歴代大統領の変遷　85

資料6　歴代大統領の変遷

社会主義軍事政権（1962年〜1988年），新軍事政権（1988年〜1911年）の2回にわたる軍事政権後，テイン・セインが大統領になって民政移管となるが，実質的には軍事政権が2016年まで継続した。

歴代	人　名	在位期間	所属政党	国　名
1	サオ・シュエタイク （Sao Shwe Thaik）	1948〜1952	反ファシスト人民自由連盟 （AFPFL）	ビルマ連邦
2	バーウー（Ba U）	1952〜1957	反ファシスト人民自由連盟 （AFPFL）	ビルマ連邦
3	ウィンマウン （Win Maung）	1957〜1962	反ファシスト人民自由連盟 （AFPFL）	ビルマ連邦
4	ネーウィン （Ne Win）	1962〜1974 1974〜1981	無所属（軍人） ビルマ社会主義計画党 （BSPP）	ビルマ連邦 ビルマ連邦社会主義共和国
5	サンユー （San Yu）	1981〜1988	ビルマ社会主義計画党 （BSPP）	ビルマ連邦社会主義共和国
6	セインルイン （Sein Lwin）	1988	ビルマ社会主義計画党 （BSPP）	ビルマ連邦社会主義共和国
7	エーコー （Aye Ko）	1988	ビルマ社会主義計画党 （BSPP）	ビルマ連邦社会主義共和国
8	マウンマウン （Maung Maung）	1988	ビルマ社会主義計画党 （BSPP）	ビルマ連邦社会主義共和国
9	ソウマウン （Saw Maung）	1988〜1992	無所属（軍人）	ビルマ連邦
10	タンシュエ （Than Shwe）	1992〜1997 1997〜2011	軍人・国民統一党 （NUP）	ビルマ連邦 ミャンマー連邦
11	テインセイン （Thein Sein）	2011〜2016	連邦団結発展党 （USDP）	ミャンマー連邦共和国

（出所）田中［2016］287-288頁。

資料7　移行経済の観点からみたミャンマーとベトナムの比較

　ミャンマーの政治経済を観察する場合，ASEAN10ヵ国の中でも，ベトナムとの対比でミャンマー政治経済を考えると，理解が進む。両国は，1980年代から市場経済の移行と国際経済への統合を進めてきたが，課題は，統制経済から市場経済への移行，海外との接点のない計画経済体制を国際経済にどう統合するかということ，移行経済後の資本蓄積と技術進歩に対する経済環境づくりなどである。

　ミャンマーでは，経済移行に際して，非効率な国営企業へ偏った統制の強化をした結果，民間企業の市場経済と国営企業の統制経済が混在した状態で，市場経済でも，軍政傘下企業が利益を得ようとしたため，軍事政権に利権をもたらす結果となっていた。

　一方，ベトナムでは，国営企業に優遇政策を用いながらも市場経済原理による資源配分を続けてきた違いがある。統制のもたらす非効率性が認識され，市場原理からの逸脱を制限する志向があった。

　ミャンマーでは，軍事政権の強権体制の下，いったん非効率な制度が採用されても長期化，硬直化の傾向がある。ベトナムでは，政治制度により，相対的に政治力が分散されていたことが幸いした。このように政治権力分散は，党や国家の非効率性を排除する状況を作る傾向があることがわかる。

　ミャンマーでは，軍事政権の民主化勢力弾圧の結果，欧米や国際機関の経済制裁を受け，市場経済化による経済活性化から一層，遠ざかることになる。

　経済を中心にミャンマーとベトナムの対比から分析する。

	ミャンマー	ベトナム
市場経済移行の起点	ビルマ式社会主義と呼ばれる独自の閉鎖的計画経済体制が経済行き詰まりの契機となり市場経済体制への移行を模索することになった。社会主義軍事政権による経済悪化が1988年8月の反政府運動が起こる端緒となり，これを鎮圧した軍によるクーデターによりBSPPから軍への政権移管の流れが，改革の起点。	1986年12月の共産党第6回全国大会での政策転換が市場経済への移行の起点と考えられる。ベトナム改革は，共産党の継続的な支配のもとで段階的に実施された。

資料7　移行経済の観点からみたミャンマーとベトナムの比較　87

	2016年軍政から民主主義政権に移行により一層の拍車。ただし,国営企業の対応では,国営企業を市場経済から遮断し,統制経済を行った。	
1980年代の共通課題	①　統制経済から市場経済への移行に伴う課題 ②　統制経済と闇経済の二重構造	
1980年代から現在までの発展度合	①　1980年代のミャンマーの1人当たり所得は,ベトナムとほぼ同等と想定される(注1)。 ②　2007年時点で350ドル程度とアジアの最貧国となっている(注2)。2009年には587US$(IMF [2013])となっている。	①　1980年代の1人当たり所得は,推計で130US$(バングラディシュの170US$を下回る)(注1)。 ②　2008年には,1人当たり所得は,1,048US$(IMF [2010])に達しており中所得国入りを果たしている。
IFRSの導入状況	①　外資導入に積極的で,2016年に,証券取引所開設。 ②　IFRSの2009年版をMFRSと名前を変え国際会計報告基準とした。2010年以降のIFRSの改訂については,反映していない。	①　ホーチミン証券取引所は2000年開設。ハノイ証券取引所は,2005年に開設。 ②　2006年に1988年の会計制度から財務報告要件を合わせるため新会計制度に変更。 ③　2011年にVASBを設立し,現行VASを,IFRSと整合する新基準公表。 ④　2016年には,IFRS採用アプローチおよび2025年実施ロードマップを作成。IFRSに準拠したVASBの会計基準の変更で,会計環境は急速に変化。

（注1）久保編 [2013] 25頁によると「Dodworth *et al.* [1996] 記載の推計では,ベトナムの1989年時点の1人当たり所得は130ドルで,バングラディシュの170ドルを下回っていた。ミャンマーについて正確な統計はないが所得がほぼ同等であったとの推計議論されている」とある。本書もそれに依っている。World Bank [1990] によると1990年の両国の1人当たり所得は,両国とも低所得国（1,000ドル以下）に分類されている。

（注2）前出の久保編 [2013] 25頁を参考にしてIMF推計値を使っている。

（出所）久保編 [2013] 3-25頁を参考に筆者作成。

上記の対比でみると両国の資本市場の活性化の格差が大きい。外資導入が国内企業の発展とそれにより国内経済の拡大をもたらす最大のポイントであることを考えるとミャンマーでの資本市場整備と会計制度改革による会計インフラの早急の整備・実行は喫緊の課題であり，会計リテラシー教育に力を注ぐことが肝要である。

　1980年代の最貧国の状況から脱却しきれていないミャンマーは，ベトナムと比較すると，政治状況の不安定と経済苦境が目立つ。外資の導入により経済発展を狙うミャンマーは，ASEAN，開発途上国ということを共有するベトナムに比べ資本市場拡大の観点でも大きく格差が付いている。

　政治体制を変えず，市場経済を導入したベトナムは，漸進主義であるが着々と成果を示しつつある一方でビッグバン型政権移行のミャンマーは，ミャンマー版IFRSであるMFRSが浸透していないしIFRSとの乖離が拡大しつつある。ビッグバン型に問題があるのではなく，理念，プロセス，成し遂げようとする意欲に問題がある。具体的には会計リテラシーの低さ，会計高等教育，会計専門職の人員不足と教育不足等として表れ，これらは軍事政権，特に1988年の新軍事政権時代の残照といえる。改革プロセスの中心的課題である会計教育の荒廃に対し，早急の対策が求められる。

　ベトナムは，順次的確に国際会計基準への移行を行った。その背景には，会計専門職とその団体がそれを支えたことが大きい。ミャンマーでも同様に，国際支援でMACなど政府機関や公認会計士協会の活性化を図り，公認会計士の増加や質の向上など質量両面からの対策により会計環境の大きな改善が望まれる。

資料8　中小企業ASEAN７ヵ国の会計実務状況表

		ミャンマー	インドネシア	マレーシア
(1) 帳簿	① 帳簿の作成者	●経理知識を持っている人が少ない。 ●ほとんどの会社はアウトソーシングしている。 ●ヤンゴン内では，電話帳に記載されている会計事務所が100件程度である。かなりの数の会社を会計事務所が担当していると思われる。 ●LCCI（英国商工会議所の簿記検定）の合格者はある程度いるが，実務では対応できない人が多い。 ●企業の経理担当者の採用は，LCCIの合格者であることが最低条件 ●会計帳簿の記帳（book-keeping）をアウトソーシングすることはある。小さな会社の場合では多くの場合アウトソーシングをする。アウトソーシングは，会計事務所に頼むこともあるし，個人的の公認会計士や経理の専門家に頼むこともある。 ●会計事務所に記帳をアウトソーシングした場合，監査（Audit）と記帳を分ける必要がある。監査と記帳は同じ会計事務所がすることは認められない。【Accountant】	●一部の中小企業は外部の専門会社にアウトソースしているが，多くは自社で専門性が低い者が帳簿を作成している。 ●帳簿作成に慣れた外部の会計コンサルティング会社にアウトソースしている。会社で雇用するより安く，専門性があり，頻繁に変更されるルール改正にも対応できるからである。【SME】，【Consulting】	●非公開企業（Private Limited Company以上の企業形態）の中小企業であれば，自前で記帳しているところが多い。ただし，零細企業（従業員５人以下）や個人事業主は，記帳を外部に委託することが多い。 ●委託先は，極めて小規模な会計事務所か，フリーランスの記帳代行業者（Bookkeeper）である。【SME】，【KLMCC】，【CPA】，【Consulting】
	② 帳簿・財務諸表・	●財務諸表の信頼性が乏しく，提出先により作成する財務諸表を使い分けている。 ●会計については，英国式会計が広く採用されているが，国民一般には浸透度が低い。	●特に零細企業は帳簿・財務諸表を作成していない。これは，インセンティブがなく，税務対応のために仕方なく作成しているということが実態である。	●会計ソフトウェアに従って記帳し，監査法人とともに財務諸表を作成しているので，どのような基準が適用されているのかは知らない。

資料8　中小企業ASEAN7ヵ国の会計実務状況表　91

タイ	シンガポール	フィリピン	カンボジア
●領収書を記帳代行業者（Bookkeeper）に渡し帳簿を作成してもらっていることが多い。 ●法律で会社は公認会計士（CPA）かBookkeeperを使わなければならないと規定されている。職員として雇用していても，アウトソースしていてもよい。 ●中小企業にとってはBookkeeperの雇用またはアウトソースする費用が高い。 【TCC】，【CB】，【DBD】	●ケースバイケースだが，従業員数十人規模の企業であれば，会計システムを導入した上で，管理者が記帳していることが多い。 ●監査対象外となるような零細企業であれば，会計代行業者に丸投げしていることが多い。 【CPA】，【SME】，【SME会計専門家】	●中小企業は領収書を会計士に渡して，帳簿の作成を依頼している。 ●帳簿作成など会計業務を請負うアウトソーシング先企業も多数ある。 【DBP】，【DTI】，【CPA】，【PICAP】	●大部分の中小企業は帳簿を付けていない。 ●帳簿を付けている中小企業は，全体の2割程度であり，監査を受けている中小企業は全体の2～3％ではないか。 ●多くの中小企業では，会計担当者はいない。 【FASMEC】，【CPA】
●270万社の中小企業のうち，財務諸表を作成していない，または，作成していても正確性に欠ける企業は，およそ80％程度に上るとみられる。	●中小企業経営者の主な関心事項はマーケティングである。会計も義務なのできちんとやるが，大事だという意識ではない。	●帳簿作成・財務諸表の整備に対する関心は極めて薄く，義務だからやっているのが通常である。	●会計に関する知識が少ない上に，外部に財務諸表をみせることに強い抵抗がある。

		ミャンマー	インドネシア	マレーシア
	会計への関心	●LCCIは，大学卒業者（ヤンゴン経済大学及びその他2校）か大学在学中の人が受験している。 ●会計の知識を持っている人は，それほど多くない。 ●LCCIの資格を勉強している人の人数は，不明だが結構多い。経済大学を卒業した人や大学で勉強中の方が多い。計算でいうと以下の通り。 経済大学は3ヵ所ある。1ヵ所に1年に1,200人を入学させている。4年間では，3×1,200人×4年間＝14,400人となる。毎年，入学する人は3,600人，卒業した人も3,600人程度。 【Accountant】	●小規模企業の場合は個人事業主であり，会牡としての独立した帳簿・財務諸表は作成していないことか多い。 ●零細企業はそもそも帳簿作成の義務がない。 ●中小企業が会計のことをきちんと考えておらず，財務諸表も作成していないことが問題になっている。 ●そもそも会計の重要性が，中小企業の経営者に理解されていない。 ●中小企業は会計にはとんと関心がない。税金に関する関心の方がはるかに強いのが現状である。税務対応や監査対応のための作成という意識の方がはるかに強い。 ●中小企業にとって，帳簿を付けたり，財務諸表を作成したりするインセンティブがない。 【Bank】，【DEPKOP】，【CPA】，【Consulting】	●経営者は，キャッシュ・フローについてはしっかり注視している。剰余金が出ればすぐに預金に回す，売上が足りなければ営業を強化する，など企業経営・営業活動に活かしている。 ●会計は現状のモニタリングや次の事業・予算の予測につなげられる，という意味では重要である。ただし，記帳すら満足にできていない中小企業がいるのも事実である。 ●規模が大きい企業ほど会計を重視している。特に銀行や投資家にみせるという意味でも，非上場の場合は将来の上場という点でも重要である。 【Consulting】，【SME】，【KLMCC】，【CPA】
	③ 融資における帳簿の利用	●融資の問題点として，厳しい担保要求（2003年の銀行取り付け騒ぎが原因），短期に限られた融資，貸出先企業の財務情報の信用性の低さが挙げられる。 ●民間の金融機関の融資実行が低く，開発資金に流れている可能性がある。特に中小企業は資金が流れていない。 ●民間金融機関は，通常貸付について経験値が乏しい。審査能力に欠ける。 ●帳簿そのものが，信頼性がないので，融資実行については，それほど重きを置かれていない。融資は担保主義となる。	●財務諸表は参考としてチェックされるが，財務諸表があることだけでは融資面でのメリットはない。 ●中小企業向け融資を増やしていきたいが，財務諸表がないことが問題になる。 ●財務諸表があることだけで優遇することはできず，結局はキャッシュ・フローを見ることになる。【Bank】	●融資審査時には，当然，旧財務諸表もチェックされるため重要である。しかし，日々のキャッシュ・フローや預金残高，担保などのほうがはるかに重要である。これらが不足している場合，中小企業は銀行から融資を受けられることはほとんどない。 ●監査済財務諸表があっても，中小企業は融資を受けるのが難しい。通常は担保が必要である。数多くの中小企業を対象としたローン制度はあるものの，それでも融資を受けるのは非常に難しい。 【KLMCC】，【CPA】

資料 8　中小企業ASEAN 7 ヵ国の会計実務状況表　93

タイ	シンガポール	フィリピン	カンボジア
●中小企業の社長は会計のことは分かっていない。Bookkeeperがやってくれると安心している。 ●中小企業経営者は税金のことすら関心が少なく，売上を増やすことにのみ関心が高い。個人事業主，ファミリービジネスの場合は関心はない。 【CB】，【TCC】，【FAP】，【DBD】，【RD】	●ある一定規模以上の企業になると，ベーシックな財務状況（売上，利益，キャッシュ・フローなど）への興味を持つようになる。これらを月次で把握し，数カ月先までのキャッシュ・フロー計画を立て，資金繰りをチェックしている。 【CPA】，【SME】，【SME専門家】，【ISCA】	●チェックをする省庁の関心も，中小企業に対しては強くない。 ●二重帳簿を作成していたり，そもそも帳簿や財務諸表を外部にみられたくないという思いもある。 ●企業規模か大きくなると関心が高まるが，ファミリー企業では特に関心が薄い。 【PICAP】，【DBP】，【LB】，【DTI】，【CPA】	●中小企業は銀行とのやり取りを除けば財務諸表を作成することはほとんどない。 ●財務諸表を公開することで競争相手を利すること，課税額が増えることを警戒している。 ●政府は非常に簡易なテンプレートを小規模企業向けに作成しているが，そのように簡単なテンプレートであったとしても，個人企業に帳簿を付けろと要求するのは至難である。 【FASMEC】，【Bank】，【KICPPA】，【PCC】
●中小企業は財務諸表がなかったり，信頼できなかったりするため，融資審査時にはあまり重視していない。 ●銀行は融資時に中小企業にも財務諸表の提出を要求するが，参考資料程度の扱いである。あまり真剣にみていない。 ●中小企業の財務諸表は，あまり正しく処理されてないことや，あるいは作られていないことも多々ある。 【SMEB】，【CPA】，【TCG】，【CB】	●中小企業に関係している経営者や役員・管理職など，保証人の財務状況や返済能力が最も重要である。 ●財務諸表もチェックするが，重視する割合は，「保証人の状況：60％ 財務諸表：40％」程度である。 ●財務諸表が監査済みかどうかは重要である。監査がないと，ほかに銀行の残高証明や過去の返済履歴なども厳しくチェックされる。 ●銀行は独自のアセスメントをしている，という意見もある。	●帳簿や財務諸表もチェックは行うが，融資判断における重要性は低い。 ●売上実績，売掛金，在庫状況などの情報を得て，評価し，銀行側で財務諸表を推計し作成している。 ●経営者・企業の特徴，事業環境，資本金，返済能力，担保を評価する。帳簿より実態が重要である。 【LB】，【DBP】	●融資時にチェックされるが，財務諸表があることによるインセンティブはない。 ●必ず財務諸表の提出は求められるし，（財務諸表がない場合は）利率が高くなる可能性がある。 ●融資時には，経営者の性格，担保を特に重視する。 ●融資時には，必ず企業訪問・調査を行う。 【Bank】，【FASMEC】

		ミャンマー	インドネシア	マレーシア
		●国民一般に銀行に対する信頼が欠けている。【Bank】		
(2) 財務諸表	① 財務諸表の提出先	●公認会計士の監査を受けた財務諸表を歳入局へ提出。 ●すべての法人の決算期が3月末であり，毎年6月末までに提出する必要がある。 ●会社の決算書類を提出しないといけない所は歳入局（Internal Revenue Department）のほかには銀行からお金を借りるときに提出。他はない。【Accountant】	－	●会社登記所（SSM：Suruhanjaya Syarikat Malaysia）と税務当局に提出する。
	② 財務諸表の提出義務の登録義務の対象（提出義務の対象・提出先へ）	●すべての会社はミャンマー所得税法により，歳入局へ提出する義務がある。 ●個人（INDIVISUAL）で商売している人は，法人（COMPANY）と同じように決算書と申告書を提出しなければならない。しかし，法人（COMPANY）が提出する歳入局ではなくてそ商売をやるところ（Townshipの税務署）に提出しなければならない。【Accountant】	－	●すべての企業（Private Limited Company以上の企業形態）は提出義務がある。 ●個人経営（Sole Proprietor），パートナーシップ（Partnership）は提出しなくてよい。【CPA】
	③ 財務諸表の扱い（未提出時、不備時）	●財務諸表の提出がない場合や不備があった場合，納税額の50%の罰金が科される。 ●歳入局提出時，その後，税額決定の通知があるが，その際にワイロが要求される場合があるようだ。 ●納税額の大きな会社は，歳入局に別の部門がある。中小会社について十分把握されているとは思えない ●財務書類提出会社でも推定課税される場合がある（ワイロが要求される場合がある）【Accountant】	－	●提出が遅れると罰金を科される。提出期限は，会計年度末から6ヵ月以内である。 ●誤記・タイプミスなどがあった場合は，修正が必要となるが，特に罰則はない。【SME】

資料8　中小企業ASEAN7ヵ国の会計実務状況表　95

タイ	シンガポール	フィリピン	カンボジア
	【Bank】，【SME】，【SME専門家】		
●登記している企業はDBD（より正確にはMOC：商務省）に提出する。 ●資本金500万バーツ以下の法人は，DBDに提出しなくてよい。 【DBD】，【TCC】	●会計・企業規制庁（ACRA: Accounting and Corporate Regulatory Authority）に提出する。 【CPA】，【ISCA】	●SEC（証券取引所）とBIR（内国歳入庁）に提出する。 ●DTI（貿易産業省）に対しても登録義務があるが，社名のみである。財務諸表の提出は求められない。 【DTI】	●商業省に登録すれば，税務署にも自動的に登録されるが，登録している中小企業は半数以下である。 【FASMEC】，【GDT】，【CPA】
●資本金500万バーツ以下の法人は，DBDに提出しなくてよいが，国税局（Revenue Department）に提出する必要はある。 【TCC】	●すべての事業体は，会計・企業規制庁（ACRA）に，期末後6ヵ月以内に財務諸表を提出しなければならない。 【CPA】，【ISCA】	●零細企業はSECに登録しなくていいが，それ以外は登録しなければならない。 ●株式会社は中小企業であっても，SECに登録しなければならない。しかし，登録していない非公式会社も多い。 【PICPA】，【DTI】	―
●ハイリスク企業に着目して，DBDの企業会計検査部（Business Accounting Inspection Division）がチェックしている。 ●財務諸表の提出がない場合は，罰金が科され，国税局にも連絡が行くというペナルティがある。 【CPA】，【DBD】	●脱税につながるものでなければ，大きな罰則を受けることはなく，単純に修正すればよい。 【CPA】，【SME】	●SEC（証券取引所）への登録企業以外の場合は，詳細には財務諸表のレビューはされていない。 【CPA】	●特段の罰則はない。 ●税金に関しては，申告納税よりも推定納税の方が有利な場合がある。 【Bank】，【GDT】

		ミャンマー	インドネシア	マレーシア
④	財務諸表に対する監査の要・不要	●すべての会社が必要とされる。 ●監査担当者と財務書類作成者が重なっている。 ●監査の実態として調べないで監査済みの押印をするケースが多いと言われている ●監査についてもマニュアル通りに行われているか疑わしい。 ●個人の場合，決算書類の監査をCPAに受ける必要はない。 【Accountant】【CPA】	●小規模・零細企業の場合は30％が監査を受けるが，財務諸表の形にはなっておらず，売上や支出の簡単なリストのような形式となっている。 ●中規模企業では70％程度が監査済財務諸表を作成している。 【Bank】	●すべての企業（Private Limited Company以上の企業形態）は監査を受ける義務がある。 ●個人経営（Sole Proprietor），パートナーシップ（Partnership）は監査を受けなくてよい。 【CPA】
⑤	財務諸表の信頼性	●売上と利益を記録する程度。仮に帳簿があっても「２重帳簿，３重帳簿，なかには５重帳簿を持つ企業もある」。 ●信頼性については，国民一般に疑われている。 ●銀行も歳入局も信頼していない（歳入局の勤務経験者もそのように言っていた）。 ●税務調査について虚偽の申告書を出したと疑問が生じた場合は調べに来ることはある。何日かかるかはその問題によってかわる。 【Accountant】【CPA】	●中小企業の財務諸表の信頼性は低く，特に経営者個人の財産との分離がなされていないことが問題である。 ●中小企業の財務諸表はいい加減であったり，虚偽が含まれている。 【Bank】，【DEPKOP】	●すべての企業（Private Limited Company以上の企業形態）は，財務諸表の監査を受けているため，一定の信頼性があるとみられている。 ●中小企業の財務諸表を監査し署名するのは勅許会計士（CA）であり，監査済財務諸表に対する精度，品質，信頼度はそれなりに担保されている。 ●二重帳簿の問題は，GST（消費税）が導入されたおかげで，結果的に解消されていくのではないか。 【専門家】，【CPA】
⑥	監査のメリット／デメリット	●監査が形式的になっている傾向がある。監査を受けることによるメリットは多くはない。 ●税務申告のためだけに監査を受けざるを得ない状態（デメリット）。 ●監査を受ければ税務調査で詳細を問われない（メリット）。 ●監査の実態がなく受ける意味がない（デメリット）。 【Accountant】【CPA】	－	●マレーシアは，すべての企業が監査を受ける義務がある。会計士の立場として予測するに将来的には，企業の負担軽減や監査人の不足解消のため，監査の一部は免除される形に行くのではないか。 【CPA】

資料8　中小企業ASEAN7ヵ国の会計実務状況表　97

タイ	シンガポール	フィリピン	カンボジア
●すべての株式会社はCPAの監査を受けなければならない。【DBD】	●以下3つのうち，2つ以上に該当する小規模事業体は，監査を受けなくてもよい。 ・年間売上高が1,000万SGDを超えない。 ・総資産額が1,000万SGDを超えない。 ・従業員合計数が50人を超えない。【Bank】	●中央銀行により監査が義務付けられているが，多くの中小企業は対応できておらず，中央銀行も実態として運用で（監査なしの財務諸表の提出）認めている。【DBP】	－
●中小企業の財務諸表についてはミスが多いが，正確な財務諸表の作成を呼び掛けている段階である。【DBD】	●監査を受けなくてよい規模の零細企業であれば，会計ソフトを導入して自前で記帳し，たまにフリーランスの会計士にチェックしてもらったり，決算書を整理してもらっている程度である。【Bank】	●中小企業が自前で作成した財務諸表の精度は低い。正確な財務諸表が提出されないことは，中小企業に関わる課題の1つである。【DBP】	－
－	●財務諸表がしっかりしているかどうかが，融資判断や融資条件（利率など）に影響することはある。 ●監査がないと，融資申請時に銀行勘定調整表や過去の返済状況など，追加の情報提供が必要である。【Bank】，【SME】	●中小企業の場合，監査済みでない財務諸表であっても，融資額が300万ペソ以内であれば融資を受けられる。【DBP】	－

		ミャンマー	インドネシア	マレーシア
(3) I F R S	① 導入状況既導入国（または導入に向けた感触）・今後の導入国	●IFRSに準拠した形で「MFRS」として2011年1月4日に施行。MFRSは実質的にIFRSと同等となっている。株式公開会社には適用を義務づけ。 ●公開していない企業については，「IFRS for SMEs」と同等の「MFRS for SMEs」の基準があり，中小企業はどちらか選択可能。 ●ミャンマーの大手会計事務所の公認会計士曰く，ミャンマーの会計基準はIFRSと同等の物を使っており，また，作成に関わった公認会計士も同等のものだと言っている。 【CPA】	●既存の会計基準にもIFRSの要点は取り込まれており，導入の必要性はあまり認識されていない。導入された際には，中小企業の対応は容易ではない，という印象である。 ●IFRSについてはよく知らない。難しいのではないかという印象がある。 ●インドネシアの会計基準であるETAPはIFRSの考え方をかなり取り込んでいる。 ●将来的には中小企業に対しても，ETAPレベルの会計基準には対応するように期待したいが，IFRSレベルの会計基準を求めるのは難しいのではないかと感じている。 ●中小企業と大企業では人数が全然違う。中小企業は，基本的にシンプルな基準で十分である。IFRSは複雑である。 ●基本的にはポジティブに考えている，導入すると，中小企業にとっても基準が持てて，分かりやすく，会計処理しやすくなるのではないか。 【Bank】，【CPA】，【SME】，【IAI】，【DEPOP】	●2016年1月1日付でMPERS（中小企業版IFRSのマレーシア版であり，内容はほぼ同等のもの）が強制適用となる。 ●多くの中小企業が反対したにもかかわらず，IFRSと同等のものが強制適用となった。その目的は，国際的な中小企業会計基準に匹敵する基準を導入し，透明性を持った環境を整備しようと考えたからである。 ●MPERSは中小企業にとっての作業負荷が膨大になるため，中小企業が反対し，導入までに時間がかかった。MPERS導入後も，中小企業からの反対が数多く出てくると思われる。特にデベロッパーの場合，マレーシアでは販売契約が成立してから建設に取り掛かるが，MPERSは建てた物件を販売して利益を計上するため，売上認識の問題から根強い抵抗がある。 【CPA】
	② 会計基準への関心	●ミャンマー公認会計士協会の支援のもと会計士だけでなくビジネスリーダーに対しても中小企業向け国際財務報告基準の研修を実施。 ●公認会計士からの関心も高く，海外からの講師を招いたIFRSのセミナーは反響を呼んでいる。 ●MFRSについて基準のあることは知っているが，十分理解していない。 ●これから理解していこう	●会計基準に対する関心は高くなく，IFRS導入に係る問題意識も高まっていない段階である。 ●会計基準は理解していない。IFRSなども意識していない。 ●IFRSを使わないと国際的に遅れてしまうという議論は，インドネシアでは今のところ存在しない。問題意識もない。 【Consulting】，【IAI】	●会計ソフトウェアに従って記帳し，監査法人とともに財務諸表を作成しているので，どのような基準が適用されているのかは知らない。 ●他の新興国よりは，会計を活かすマインドはやや高いのではないか。【SME】，【専門家】

資料8　中小企業ASEAN7ヵ国の会計実務状況表　99

タイ	シンガポール	フィリピン	カンボジア
●不安を感じる企業や間に合わないと考える企業・Bookkeeper等も存在する。 ●ASEANの経済統合も迫っている今，タイだけが別の会計基準でやり続けるというわけにはいかない。 ●IFRSはヨーロッパ式であるのだが，従来の基準もIFRSの考えを取り入れたものであり，矛盾や違和感はない。 ●現場では，非常に難しい会計基準であることから，準備期間が3年だとしても間に合わない，という者もいる。 ●IFRSについては，たとえ中小企業向けの基準（中小企業版IFRS）であっても，相当難しい。タイの中小企業はそこまでのレベルに至っていない。 【SMEB】，【DBD】，【CAP】，【TCC】，【FAP】，【CB】	●完全版IFRSとほぼ同等のSFRS（完全版SFRS〉が導入されている。 ●以下3つのうち，2つ以上に該当する小規模事業体はSFRS for Small Entities（SFRS-SE）を選択することができる。 ・年間売上高が1,000万SGDを超えない。 ・純資産額が1,000万SGDを超えない。 ・従業員合計数が50人を超えない。 ●SFRS-SEの導入状況は，全体の5％前後である。認知度も極めて低い。 【CPA】，【SME会計専門家】，【ISCA】	●必ずしもすべての中小企業が，中小企業版IFRSに対応できているわけではない。 ●中小企業はほとんどPFRS for SMEsを使用している。 ●中央銀行から，中小企業版IFRSを「適用してください」というプロモーションはかけられているが，実態として適用されているかというと問題である。 ●資産1,500万ペソ以下の小規模企業が監査済IFRS対応の財務諸表を提出してくる割合は，1割以下だろう。 ●完全版IFRSに比べると，中小企業版IFRSの方が容易になったが，それでも中小企業には負担が大きい場合もある。 ●中小企業版IFRSは大変煩雑である。 【PCCI】，【PICAP】，【DBP】，【BIR】，【CPA】	●大企業も十分に対応できていない中で，中小企業には難しい。 ●カンボジア版IFRS（CIFRS）とカンボジアの中小企業版IFRS（CIFRS for SMEs）を使っている企業は非常に少ない。 ●一部の銀行や外資系企業しか対応していない。 ●IFRSは難しくて複雑なので，そもそも帳簿付けすらできていない中小企業については，対応するのは無理がある。 ●中小企業の中に，中小企業版IFRSを使っているところはほとんどない。 ●特に非公開の小規模企業向けには，より簡易化した初歩的な会計テンプレートを使用してもらうことを想定して，テンプレートを検討中である。 【GDT】，【KCPPA】，【CPA】，【PCC】，【Bank】
●IFRSについては，ニュースとしては知っていても関心が薄い。 ●経営者は会計制度に関心がないので，中小企業版IFRSによるメリットや導入のインセンティブも問題にならない。 【CAP】，【TCC】	●会計基準そのものに，ほとんど関心がない。SFRS for Small Entities（SFRS-SE）があることを知らない会計人材がいたり，SAS（Singapore Accounting Standards）と呼んでいる会計人材がいたりする。 【CPA】	●地方の中小企業は，IFRSを意識しておらず，課題である。 ●会計がビジネスに貢献できると考えている中小企業のオーナーは少ない。 【PICAP】，【PCCI】，【DBP】	●重要性を理解している経営者も増えつつあるが，「今儲かっているから問題ない」とする経営者も少なくない。 【CPA】

		ミャンマー	インドネシア	マレーシア
		ということのようだ。●すでに上場企業が出ているが、監査や上場審査が十分か疑わしい。【Accountant】【CPA】		
③	実際の運用	●中小企業では、実際にMFRSやMFRS for SMEsが使用されていることをあまり見かけない。●発生主義ではなく現金主義で仕分けしている所が多い。●MFRSを理解しているCPAや企業担当者が少ないので十分運用されていない。●IFRS先進国からの指導が行われているが効果が出るまで時間がかかりそうだ●IFRSは逐次にわたりアップデートされてきているが、MFRSは2010年の導入バージョン以降更新されていない（2014年12月現在）。CPAの人材不足が原因でそこまで手が回らない。【Accountant】【CPA】	●IFRSで求められる公正価値の問題はとても大きい。【IAI】	－
④	公正価値評価の実態	●公正価値評価は行われていないようだ。●現地会計事務所は能力に欠けるようだ。●従来の取得原価による評価が一般的。【Accountant】	●公正価値を測定する上では、企業単体では容易ではなく、別の知識や方法論で評価できる組織などが必要だが、インドネシアにはそのような公正価値を求める社会的サポートがないのが現状である。【IAI】	●公正価値基準による評価の手順は複雑であるため、小規模な会計事務所や中小企業では対応能力が足りない。大手事務所についても同様の問題が生じる。ただし、中小企業は複雑な資産を持っていないため、それほど大きな問題にはならないかもしれないという見方もある。【CPA】
⑤	導入のメリット／デメリット	●国際的比較の観点から、上場企業はIFRS導入のメリットがあると考えられる。●デメリットとして複雑な会計処理や表示について限られた人材で行うのでコストが割高になってしまう。	●IFRSに対応した会計を行うためには、企業は今以上にコストがかかる。福利厚生費用の計算で、外部アクチュアリーを使う費用などが想定される。●CPAとしても、IFRSに	●MPERS導入の利点は、管理会計の仕組みを持っていない中小企業が、管理会計の仕組みを持たざるをえなくなることである。また、義務化が強化されると（たとえば罰金が科せられるよ

資料8　中小企業ASEAN7ヵ国の会計実務状況表　101

タイ	シンガポール	フィリピン	カンボジア
●ファミリービジネス企業には，例外を求める方向で検討をしている。 ●例外を拡大すると，現在のタイの会計基準と大きく変わらない基準になるが，国際的には，IFRSを導入して一部例外措置を認めていると説明する方が望ましい。 【FAP】	●在庫・棚卸資産の評価，廃棄，売上の認識，売掛金・買掛金，途中経過プロジェクトをどのように評価するか，という点については，しばしば難易度が高いと問題提起されている。 【ISCA】	●取引の捉え方（Transactionの評価），従業員給付，棚卸資産の評価，在庫評価，さらには金融商品・投資用不動産・売掛金の現在価値の評価は，中小企業で問題になりやすく，担当者は正確に理解していないこともある。 【CPA】	●会計基準に従っているのかどうかを監督する政府機関がない。 【KICPPA】
●一部の難しい会計措置は導入しなくてよいので，問題はないと感じている。 【DBD】	●SFRS-SEであっても，すべての事業体は公正価値評価をしなければならない。しかし，実態としては，歴史的原価ベースで資産を計上している中小企業もしばしばいる。 【ISCA】，【CPA】，【SME】	●外部機関などに依頼することもある。一方で，歴史的原価でも認めることもある。 【CPA】	●実際に監査をしてみると，原価ベースで評価していても認めざるを得ない。 【KICPPA】
●税金面ではメリットはない。 ●国際取引を行わない中小企業は，海外の金融機関・投資家に財務諸表をみせる必要はないので，手間・コストが増	●親会社が外資であったり，海外に子会社を持つような国際的な企業が多いため，統一的な基準である完全版SFRSを導入することのメリットも大きい。	●評価は容易になったり，正確性が高まっても，融資が受けやすくなっているわけではない。 ●ルールだから対応しているだけでIFRS対応	●明確なメリットは現時点では見当たらない。 ●推定納税の方が，申告納税よりも税額が安くなるため，帳簿を付けて財務諸表を整備し申告納税を行うこと

		ミャンマー	インドネシア	マレーシア
		【Accountant】	切り替えるよりもETAPのままの方が楽である。IFRSに対応しようとすると，ミスも多くなりがちである。一方で，ETAPは非常にシンプルである。【CPA】	うになると），習慣が身につく。欠点としては，正確な財務諸表を作成すると納税額が増えるかもしれない点と，MPERS対応に関する手間や直接的なコストが増加することである。●中小企業の監査は小規模の監査法人が行っているが，MPERSを導入すると今の体制等では対応できない。【KLMCC】，【CPA】
	⑥ 税務の対応	●税務処理はMFRSと切り離されており，税務調整については申告書を通して行われることになる。●税務は従来通り。【CPA】	●税務署は，算定の際に利用される会計基準がETAPなのかIFRSなのかは気にしていない。【CPA】	●会社登記所向けと税務当局向けの財務諸表の調整は，恐らく監査人が対応している。【SME】
	⑦ 税務申告時の負担	●多種多様な基準で作成された財務書類で作成された申告書に比べてMFRSで作成されたものは申告額が多額になる。●税制体系がシンプルで，MFRSの複雑さとは対照的である。【Accountant】	●税法上の中小企業の基準や閾値が，他の法律における中小企業の定義と異なっていることも，分かりにくさ・複雑さを助長している。【CPA】	●正確な財務諸表を税務当局に提出すると課税額が上がる可能性があるという点から，提出したくないと考える中小企業もいる。【KLMCC】
(4) 政府機関	① 政府の取り組み	●ミャンマー会計評議会（MAC）はミャンマー会計評議会法（1994年成立）によって設立された。メンバーは政府によって任命された会計長官が議長で，その他政府関係者ではない会計専門家が10名を超えない範囲で選出されている。さらに，一般市民が4名を超えない範囲で選出されている。目的はミャンマーの経済発展のために寄与する資格を有する会計士の業務力の増加と会計士業務の質的向上を目指している。具体	●中小企業のための会計関連のトレーニングプログラム，例えば財務諸表をどう作るのか，といった内容のセミナーをDEPKOPでは提供している。●同様の中小企業向け教育は，商業省，工業省，計画開発省など他の省庁もやっている。●IAIはインドネシア中央銀行と協力してシンプルな財務報告書の作り方を構築している。【DEPKOP】，【IAI】	●政府機関は，会計についてはあまり関与していない。マレーシアは英国の制度を取り入れているため，会計制度は会計士たちが民間ベースで定める，という意識が強い。【専門家】

資料8　中小企業ASEAN7ヵ国の会計実務状況表　103

タイ	シンガポール	フィリピン	カンボジア
えるだけの可能性がある。 ●中小企業版IFRSで、経営者は基準が明確化されて財務諸表を提出しやすくなる。 ●親会社がグローバル企業の場合には、メリットがある。 【CBI】，【RD】，【DBD】，【CPA】，【TCC】，【FAP】	【CPA】，【SME】	のメリットはない。 ●中小企業においても、グローバルな競争力を高めるには、中小企業版IFRSは大事である。 【PCCI】，【PICAP】，【DBP】，【LB】，【DTI】，【CPA】	へのインセンティブがまったく働いていない。 【GDT】，【CPP】
●税務には未適用である。 【RD】	－	●税務署に提出するものはPFRSに準拠している方が望ましい。 【CPA】	－
●納税申告についても、80%の中小企業が外部Bookkeeperにアウトソースしているので、問題は感じない。 ●すでに一部の中小企業は公正価値で税務申告を行っており、担税力の問題も生じないはずである。 【TCG】，【RD】，【DBD】	●会計と税務の連携については、ほとんど問題はない。シンガポールの税制は調整項目が少ない。 【CPA】	●財務諸表と税務申告に大きな差はなく、負担にはならない。 【CPA】，【BIR】	●IFRSと税法では、齟齬が生じる部分もある。税法では、土地等の資産は歴史的原価で計算している。 【CPA】，【GDT】
●政府・財務省は中小企業の大部分が財務諸表を作成していないことを問題視しており、正確に作成していない80%の中小企業に対して、タイなりの財務諸表の雛型を策定している。 【TCG】	●SFRS-SEの導入促進に向けた施策は一切行われていない。 【SME専門家】	●「会計ハンドブック」などを発行して、会計に対する意識向上に努めている。 【PCCI】，【DTI】	●今、ワーキング・グループが設けられており、零細企業向けの簡易な帳簿の付け方を作成しようとしている。 【NAC】

		ミャンマー	インドネシア	マレーシア
		的には会計基準の設定，会計実務の徹底について政府内で審議された結果，創立されたものである。 日本と違うところは，ミャンマーでは政府の意向の強いMACと，民間に移行された日本のASBJ（企業会計基準委員会）との違いと言える。		
	② 他機関との取り組み	●ミャンマー会計士協会はイギリスのACCA（勅許会計士協会），ICAEW（イングランド・ウェールズ勅許会計士協会），ICMAやドイツのGIZと協力関係にある。日本公認会計士協会とも2016年6月にMOUを締結 ●ミャンマー会計士協会は国際会計士連盟（IFA）への加入を実現させるため進行中。 【CPA】【MICPA】	●様々な施策は政府機関ごとに実施されており，連携が不足している。 ●中小企業として，どのプログラムに参加すればいいのか，自分にとって適しているプログラムがどれなのか，が分かりにくい状態になってしまっている。 ●インドネシアは政府期間の間の連携がまだない，特に，地方政府と中央政府（中央政府の中でも）会計や財務に係るデータが共有されていない。 【DEPKOP】，【Consulting】	－
(5) 人材	・ 会計士の課題	●会計士の深刻な不足があげられる。従来は商業学士と会計学士にCPAの門戸が開かれていたが，2014年からミャンマー会計評議会が指定する学校の卒業認定を受けた者にも門戸が開かれた。 【Accountant】	●インドネシアでは，質・量とも十分だと思う。 ●人材の質を高めるための一番の方法は，CPAの資格を取らせることである。ただし，CPAの資格を取らせれば質は高まるが，取得するのが難しいので数は増やせないという問題がある。 【DEPKOP】，【IAI】	●マレーシアの会計士は，学校を出てから3～5年の実務を経験した後，申請を行って認められると監査人になれるかどうかのインタビューをマレーシア会計士協会（Malaysian Institute of Accountants: MIA）で受ける。それに合格したら，会社法に則り，財務省が公認した会計士（Chartered Accountant: CA）となる。監査はCAが行う必要があり，財務諸表のサインはCAしかできない。 ●公正価値基準への変化に中小企業が対応するには調整等が必要となるが，その

資料8　中小企業ASEAN７ヵ国の会計実務状況表　105

タイ	シンガポール	フィリピン	カンボジア
●中小企業支援協会，工業連盟，商工会議所，SEC，財務省とも連携しており，中小企業版IFRSに対して他の省庁から反発が出ているようなこともない。【DBD】	●会計・企業規制庁（ACRA）は，監査人を教育・モニタリングする「実務モニタリング・プログラム（Practice Monitoring Programme)」を進めている。【ISCA】	●CPAの団体等との連携は行っている。省庁間の連携は進まない場合もある。【PCCI】，【DTI】	－
●CPA，Bookkeeperの人材不足はあまり感じない。 ●人材の数は足りている。CPAも十分ではないか。数を増やす必要性は感じない。 ●Bookkeeperは余っている。しかし，質が必ずしも高いとはいえない。【TCC】，【FAP】，【CPA】	●監査人は不足している。 ●フリーランスの会計士や，記帳代行業者曰く（Bookkeeper）のレベルが高くない。 ●企業側の会計担当（Preparerと呼ばれる）の知識・スキルが低いことも問題とされており，トレーニングなど何らかの対応策が必要である。【CPA】，【ISCA】，【SME会計専門家】	●IFRSを理解し，中央銀行等から認定を受けている会計士が特に地方部で不足している。 ●会計士の中にもIFRSに関する情報がアップデートされていない者もいる。【DBP】，【CPA】，【PICAP】	●会計人材の少なさが大きな課題であるが，人材育成への支援が不十分である。 ●カンボジアには独自の公認会計士資格がないため，会計人材が少なく，増やしていくことが必要である。特に地方部では深刻である。 ●地方の会計事務所は質が十分でないことがある。【KICPPA】，【FASMEC】，【CPP】

		ミャンマー	インドネシア	マレーシア
				スキルを持った会計士自体が少ない。 ●マレーシア会計士協会（MIA）が，会計士（特に零細会計事務所）向けの有料セミナーを数多く開催している。 【CPA】
(6) 提言	・今後の政策のあり方	●IFRSと同等というMFRSが混乱の原因である。IFRSにフルアドプション（完全採用国）できるように会計制度・会計教育・会計実務について，徹底する。 ●提出目的により会計数値が異なるような考え方を排除する。これにより税収増加を図る。 ●新規上場を増やして，財務諸表の信頼性を高めるような施策を図る。 ●会計の専門家教育を充実させるため大学教育の多様化（会計教育する大学の増加）し，また，公認会計士合格後の徹底した研修を図る。 ●国民一般の会計教育の段階から「真正な財務諸表」づくりの意識改革教育を行う。	●会計と税法がもう少し近づく必要がある。 ●使うべき会計基準や財務諸表について，必ずCPAがサインをしなくてはならないというようなことを明確に分かりやすく定めた法律が必要である。 ●提出義務があるから作成すべきということではなく，企業経営にとって会計が重要であるという啓発が必要だろう。 ●中小企業が会計・帳簿を活用してビジネスで成功した事例を示すことも有効ではないか。 ●従業員の会計に関する知識を高めるための工夫が必要である。 ●教育担当省と連携して大学の経営学のカリキュラムに，会計や財務諸表の作成方法といったコースを導入していくことが重要である。 ●金融面での政策優遇は1つのアイデアであるが，銀行のメリットを考えることや他の制度との調整が必要になるので，容易には導入できない。 ●財務諸表を備えた中小企業に金利優遇をするのは良いアイデアだが，中小企業は銀行以外（組合・個人等）から財務諸表に関係なく融資を受けることもあり，銀	●小規模企業に対しては，会計ソフトを無償で提供してはどうか。 ●小規模事業者には，もっとシンプルな会計基準に，会計対応コストがあまりかからないようなものにすべきである。 ●まずは二重帳簿を解決すべきである。 ●中小企業がMPERSの導入に積極的になるようなプロモーションを行うべきである。ただし，マインドセット（グローバル志向）が変わるには時間が必要だろう。 【KLMCC】，【CPA】

資料8　中小企業ASEAN 7ヵ国の会計実務状況表　107

タイ	シンガポール	フィリピン	カンボジア
●会計は負担と考えられているので，あまり強制すると反対運動が起きるかもしれない。 ●IFRSについて課題や情報を共有できるような，ASEANの会計士ネットワークが必要ではないか。 ●中小企業の財務諸表に対するランダムチェックや，財務諸表が誤っていた場合，事業主や監査人を罰するようなルールをきちんと整備してほしい。 ●まずは「お金の出し入れ」をきちんと記録していくこと（記帳）が重要である。そのレベルから啓発していかないといけない。 ●中小企業振興に関わる各官庁・金融機関等が連携して，プログラムを進めていくことは大事であろう。 【SMEB】，【CB】， 【SMEB】，【TCC】， 【CPA】	●中小企業，特に小規模企業・マイクロ企業向けには，IFRS導入前の伝統的な会計基準のような，歴史的原価ベースでより簡易で分かりやすい基準の方が適しているのではないか。 ●日常的に行う記帳について，もっと具体的なガイドラインがあるといい。 ●多くの企業が，監査を受けないままでいることは，問題であり，監査対象を増やすべきではないか。 ●レベルの低いフリーランスの会計士・記帳代行業者（Bookkeeper）や企業側の会計担当（Preparer）へのトレーニングが必要である。 【CPA】，【SME】， 【ISCA】，【Bank】， 【SME会計専門家】	●会計にしても簡素化が重要である。 ●政府の方で，中小企業向けのサポートをしてくれるとありがたい。トレーニングセンターの拡充などが考えられる。 【PICAP】，【DTI】	●申告納税を推進するようなメリットが必要である。 ●銀行が審査に用いることができ，納税時の基礎資料として使うことができる財務諸表・帳簿の整備が必要である。 ●中小企業向けに会計の重要さを分かってもらうための方策としては，まずは「簡素なテンプレート（Simplified Accounting Template)」を使ってもらうことについて普及していくことが大事である。 【KICPPA】，【NAC】， 【GDT】，【CPA】， 【FASMEC】，【CPP】

108

		ミャンマー	インドネシア	マレーシア
略語一覧		【Accountant】企業の経理責任者 【Bank】民間銀行 【CPA】大手会計事務所 【MICPA】ミャンマー公認会計士協会	行にとっては金利優遇をするほどのメリットがあるか分からない。 【CPA】,【DEPKOP】,【Consulting】,【IAI】,【Bank】 【IAI】インドネシア勅許会計士協会 （IKATAN AKUNTAN INDONESIA) 【DEOKOP】中小企業省 （Kementerian Koperasi dan usaha Kecil dan Menengah) 【Consulting】会計コンサルティング会社 【CPA】会計事務所，監査法人 【Bank】民間銀行 【SME】中小企業（従業員が数十人規模）	【CPA】大手監査法人，現地中堅監査法人 【KLMCC】クアラルンプール・マレーシア商工会議所 【SME】中小企業（従業員十数名程度） 【Consulting】会社法・税務コンサルティング会社 【専門家】マレーシア会計制度に関する専門家（大学教授）

（出所）河﨑［2016］53-80頁の図表に筆者がミャンマーの欄を加筆し作成。

資料 8　中小企業ASEAN 7ヵ国の会計実務状況表　109

タイ	シンガポール	フィリピン	カンボジア
【DBD】 商務省・企業開発局 【RD】 国税局 【FAP】 会計専門職連盟 【TCC】 タイ商工会議所 【TCG】 タイ信用保証会社 【CB】 民間銀行 【SMEB】 タイ中小企業開発銀行 【CPA】 会計事務所 （1事業所）	【CPA】 会計事務所，監査法人 【SME】 中小企業（従業員が数十人規模） 【ISCA】 シンガポール勅許会計士協会 【Bank】 民間銀行 【SME会計専門家】 中小企業会計の専門家 （匿名希望）	【DTI】 貿易産業省・中小企業開発局 【BIR】 内国歳入局 【DBP】 フィリピン開発銀行 【LB】 ランド銀行 【PICPA】 フィリピン公認会計士協会 【PCCI】 フィリピン商工・産業会議所 【CPA】 会計事務所 （2事務所）	【NAC】 国家会計評議会 【GDT】 一般歳入局 【KICPAA】 カンボジア公認会計士・監査人協会 【FASMEC】 カンボジア中小企業連盟 【PCC】 プノンペン商工会議所 【CPA】 会計事務所 【Bank】 民間銀行

110

資料9 ヤンゴン証券取引所上場5社の状況（2019年5月1日現在）

〈5社の基本情報〉

社　名	First Myanmar Investment Co., Ltd. (FMI)	Myanmar Thilawa SEZ Holdings Public Ltd. (MTSH)
決算日	3月31日	3月31日
事業内容	投資持株会社。中核事業は金融業，不動産業，医療業。	ティラワ経済特区の開発。
認　立	1992年7月3日	2013年5月3日
上場日	2016年3月25日	2016年5月20日
資本金（MMK）	23,480,013,000 （2016年2月24日時点）	38,929,150,000 （2016年5月16日時点）
発行済株式総数	23,480,013株 （2016年2月24日時点）	3,892,915株 （2016年5月16日時点）

（出所）ヤンゴン証券取引所ホームページ。

資料9　ヤンゴン証券取引所上場5社の状況（2019年5月1日現在）　111

Myanmar Citizens Bank Ltd.（MCB）	First Private Bank Ltd.（FPB）	TMH Telecom Public Co., Ltd.（TMH）
3月31日	3月31日	3月31日
銀行業	銀行業	通信事業
1991年10月30日	1991年9月9日	2007年8月21日
2016年8月26日	2017年1月20日	2018年1月26日
52,004,930,000（2016年7月31日時点）	24,720,530,000（2016年8月15日時点）	11,546,240,000（2017年7月23日時点）
10,400,986株（2016年7月31日時点）	2,472,053株（2016年8月15日時点）	11,546,240（2017年7月23日時点）

〈5社の財務諸表の状況〉

社名	FMI	MTSH
経営者の責任報告書	あり	あり
独立監査人による報告書	監査は，ミャンマー監査基準（MSA）による。財務書類はMFRSおよびミャンマー会社法により作成されている。監査人はV Advisory LimitedのMyat Noe Aung。	監査は，ミャンマー監査基準（MSA）による。財務書類はMFRSおよびミャンマー会社法により作成されている。監査人はWIN THIN and ASSOCIATESのU Moe Kyaw。
貸借対照表	単体・連結	単体・連結
包括利益計算書	包括利益計算書	包括利益計算書
or 損益計算書	単体・連結	単体・連結
持分変動計算書	連結	単体・連結
キャッシュフロー計算書	連結	単体・連結
注記	全34項目	全25項目

資料９　ヤンゴン証券取引所上場５社の状況（2019年５月１日現在）　113

MCB	FPB	TMH
あり	あり	あり
監査は，ミャンマー監査基準（MSA）による。財務書類はMFRSおよびミャンマー会社法により作成されている。金融機関法に基づいて監査報告を行っている。 監査人はU Hla Tun and Associates Ltd.のU Maung Maung Aung。	監査は，ミャンマー監査基準（MSA）による。財務書類はMFRSおよびミャンマー会社法により作成されている。金融機関法に基づいて監査報告を行っている。 監査人はU Hla Tun and Associates Ltd.のU Maung Maung Aung。	監査は，ミャンマー監査基準（MSA）による。財務書類はMFRSおよびミャンマー会社法により作成されている。監査人はU Sein Win。
単体	単体	単体
損益計算書 単体	損益計算書 単体	包括利益計算書
		単体
単体	単体	単体
単体	単体	単体
全21項目	全20項目	全13項目

114

資料10　ミャンマーの会計事務所の概要

■ミャンマーの公認会計士資格保有者は，約530人（ヒアリングベース）。
■上場企業を担当している会計事務所または外国監査法人と提携している会計事務所
　は，以下のとおり。

会計事務所	従業員数	顧客（上場企業）	提携先
Win Thin & Associates	200	• Myanmar Thilawa SEZ Holdings Public Limited	PwC
U Hla Tun & Associates Limited	80	• Myanmar Citizens Bank Limited • First Private Bank Limited	
Khin Su Htay & Associates	不明		KPMG
Tin Win Group	不明		E&Y
Myanmar Vigour & Associates	不明		Deloitte
V Advisory Limited	不明	• First Myanmar Investment Co., Ltd.	
U Sein Win	不明	• TMH TELECOM Co., Ltd.	

（出所）訪問調査をもとに筆者作成。

資料11　ミャンマー上場５社の財務分析

	FMI（連結）		MTSH（連結）	
	2017年3月期	2016年3月期	2017年3月期	2016年3月期
Quick asset	266,097,089	208,900,066	43,120,484	30,613,234
/Cash and cash equivalents	203,244,224	187,642,183	26,366,578	26,734,323
/Trade and other receivables	62,852,865	21,257,883	16,753,906	3,878,911
/Trade receivables	32,805,807	32,805,807	986,090	224,757
Current asset	1,382,774,930	943,208,405	70,863,834	55,351,263
/Inventories	660,171	612,470	27,743,350	24,738,029
Non-current asset	452,074,799	457,963,207	23,843,285	26,313,886
Total assets	1,834,849,729	1,401,171,612	94,707,119	81,665,149
Current liabilities	1,517,093,870	1,124,336,162	3,765,014	2,626,709
Total liabilities	1,553,720,351	1,151,003,205	8,548,810	8,100,749
Equity	199,810,425	186,805,001	79,382,688	67,590,786
Revenue	161,349,879	110,024,282	10,208,750	2,715,676
Cost of sales	108,846,220	74,931,635	4,620,449	0
Gross profit	52,503,659	35,092,647	5,588,301	2,715,676
Profit/(loss) from operating activities	12,398,641	2,599,547	6,106,100	7,817,779
Net profit/(loss)	14,900,526	8,916,046	22,326,197	20,673,170
ROA（総資本利益率）	0.81%	0.64%	23.57%	25.31%
ROE（自己資本利益率）	7.46%	4.77%	28.12%	30.59%
自己資本比率	10.89%	13.33%	83.82%	82.77%
流動比率	75.36%	67.32%	74.82%	67.78%
当座比率	14.50%	14.91%	45.53%	37.49%
総資産回転率	8.79%	7.85%	10.78%	3.33%
棚卸資産回転率	16,487.58%	12,234.34%	16.65%	0.00%
売上債権回転率	491.83%	335.38%	1,035.28%	1,208.27%
売上高売上総利益率	32.54%	31.90%	54.74%	100.00%
売上高営業利益率	7.68%	2.36%	59.81%	287.88%
売上高当期純利益率	9.23%	8.10%	218.70%	761.25%

（出所）ヤンゴン証券取引所ホームページより筆者作成。

※上記数値は，ヤンゴン証券取引所上場５社の公開されたFinancial Statementsから入手し，計算したものである。

※EquityにはNon-controlling interestは含まれていない。

※MCBおよびFPBの2017年３月期の財務諸表はミャンマー語で公表されているため，数値は不明としている。

※TMHは2016年３月期以降から公表されている。

※MTSHは2015年３月期以降から連結財務諸表が公開されている。

（単位：千チャット）

TMH(単体)		MCB（単体）		FPB（単体）	
2017年3月期	2016年3月期	2017年3月期	2016年3月期	2017年3月期	2016年3月期
9,273,690	10,760,857	N/A	-	N/A	-
1,911,145	1,275,867	N/A	40,416,599	N/A	30,048,761
7,362,545	9,484,990	N/A	-	N/A	-
7,362,545	9,484,990	N/A	-	N/A	-
14,804,475	14,902,665	N/A	-	N/A	-
1,675,511	1,675,511	N/A	0	N/A	0
2,777,105	2,696,661	N/A	-	N/A	-
17,581,580	17,599,327	N/A	229,812,819	N/A	207,451,427
4,646,637	6,955,173	N/A	-	N/A	-
5,646,637	7,955,173	N/A	168,346,027	N/A	155,432,120
11,934,943	9,644,153	N/A	61,466,792	N/A	52,019,306
9,466,082	12,305,607	N/A	12,930,621	N/A	10,864,203
6,092,569	5,847,343	N/A	-	N/A	-
3,373,512	6,458,264	N/A	-	N/A	-
1,837,986	1,408,691	N/A	7,905,430	N/A	8,548,786
1,378,490	1,056,518	N/A	5,307,287	N/A	6,412,138
7.84%	6.00%	-	2.31%	-	3.09%
11.55%	10.96%	-	8.63%	-	12.33%
67.88%	54.80%	-	26.75%	-	25.08%
84.20%	84.68%	-	-	-	-
52.75%	61.14%	-	-	-	-
53.84%	69.92%	-	5.63%	-	5.24%
363.62%	348.99%	-	-	-	-
128.57%	129.74%	-	-	-	-
35.64%	52.48%	-	-	-	-
19.42%	11.45%	-	61.14%	-	78.69%
14.56%	8.59%	-	41.04%	-	59.02%

≪各指標の求め方≫

ROA（総資本利益率）＝Net profit／（loss）／ Total assets

ROE（自己資本利益率）＝Net profit／（loss）／ Equity

自己資本比率＝Equity ／ Total assets

流動比率＝Current asset ／ Total assets

当座比率＝Quick asset ／ Total assets

総資産回転率＝Revenue ／ Total assets

棚卸資産回転率＝Cost of sales ／ Inventories

売上債権回転率＝Revenue ／ Trade receivables

売上高売上総利益率＝Gross profit ／ Revenue

売上高営業利益率＝Profit／（loss）from operating activities ／ Revenue

売上高当期純利益率＝Net profit／（loss）／ Revenue

≪ROA，ROEの分析≫

ROA，ROEの国際比較の表をみると，2012年から2016年の日本の上場会社のROAとROE＊の振幅の幅は次のとおりである。

ROA　1.5％から2.5％　　　ROE　5.0％から7.0％

＊2016年8月6日の伊藤レポートでは，日本企業の収益性の低さを問題視し，ROEが最低8％を上回る目標をたてた。資本効率を意識し，グローバルな機関投資家が日本企業に期待する資本コストの平均が7％超との調査結果があり，これによればROEが8％を超える水準で約9割のグローバル投資家が想定する資本コストを上回ることが，ROEの目標に行き着くことになる。

ミャンマー企業各社の2016年度ROAとROEは下記のとおりである。

	FMI（連結）	MTSH（連結）	TMH（単体）	MCB（単体）	FPB（単体）
ROA（総資本利益率）	0.64％	25.31％	6.00％	2.31％	3.09％
ROE（自己資本利益率）	4.77％	30.59％	10.96％	8.63％	12.33％

ここでROA（Return On Asset：総資産利益率）とROE（Return On Equity：自己資本利益率）の説明をすると，ROAは，株主資本に対してどれ程収益を上げているか，ROEは，総資産に対しどの程度収益を生んでいるかの指標である。伊藤レポートの指摘のように当時の日本のROEは，上記の振幅の幅5.0％から7.0％であり8％を下回っている。そのような観点で2016年度の比較でみると，ROA，ROEの国際比較

で日本とミャンマー上場企業は，両指標ともFMIを除き日本企業の平均を上回っている。

　FMIは，株主資本の運用が悪く，また資産回転率も低い企業である。当社は不動産市況の低迷の影響を受けている。これは，コンドミニアム法の制定が遅れていること，2017年4月からコンドミニアムの譲渡税率の引き上げ，NLD政権の期待に対し，それほど進展しなかったこと等が影響している。その他の企業は，最初に上場した企業でもあり，優良企業が中心に先頭を切って上場したことがわかる。日本の証券取引所上場数は，日本取引所グループのホームページ上では2018年5月16日現在，3,617社（うち6社は外国会社）である。わが国の企業群の指標は，その平均であり，また成熟国であることでROA, ROEの振幅は小さいと考えられる。一方，ミャンマーは，成長中の5社というのも，その理由の1つであろう。

　ROEとROAの比較のため，下図を引用した。日本を含む国際的な観点での比較は以下のとおりである。ただし，MCBとFPBは金融業であり，下記の国際比較から除いて見る必要がある。

〈ROAの国際比較〉

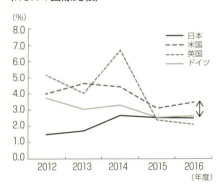

〈ROEの国際比較〉

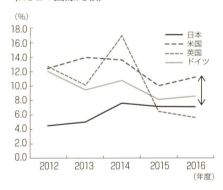

（注）2012～2016年度の決算が集計可能な上場企業の平均値。金融業を除く。
（資料）OSIRISより，みずほ総合研究所作成。

（注）2012～2016年度の決算が集計可能な上場企業の平均値。金融業を除く。
（資料）OSIRISより，みずほ総合研究所作成。

120

資料12 **YSXとベトナム，ラオス，カンボジアの証券市場比較**
（2015年11月時点）

	ベトナム（ホーチミン）	ラオス	カンボジア	ミャンマー
取引所名	Ho Chi Minh Stock Exchange (HOSE)	Lao Securities Exchange (LSX)	Cambodia Securities Exchange (CSX)	Yangon Stock Exchange (YSX)
取引開始	2000年7月	2011年1月	2012年4月	2016年3月
取引所の組織形態	国有企業	株式会社	株式会社	株式会社
取引所の株主構成	ベトナム財務省100%	ラオス中銀51%韓国取引所49%	カンボジア財経省55%韓国取引所45%	MEB51%大和総研・日本取引所グループ49%
上場企業数	309	5	4	3
上場商品	株式・債券・ETF	株式	株式	株式
証券会社数	81	2	11	10
清算・決済	ベトナム証券保管振替	LSX	CSX	YSX
外国人投資	上限49%（業種によっては30%）	可	可	不可
監督機関	State Securities Commission	Securities and Exchange Commission Office	Securities and Exchange Commission of Cambodia	Securities Exchange Commission Myanmar
証券法制	Securities and Securities Market Law	Decree on Securities and Securities Market	Law on the Issuance and Trading of Non-government Securities	Securities and Exchange Law

（注）ベトナムでは，ハノイ証券取引所もある。
（出所）アジア資本市場研究会編［2017］pp.158-159。

資料13　ミャンマーの公認会計士資格取得の流れ

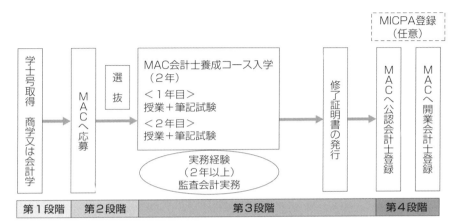

段階	内容	備考
第1段階	商学又は会計学学士号取得	従前は，ヤンゴン経済大学（Yangon Institute of Economics）において学士号を取得した者に限定されていたが，現在は，学士号を提供できる国内の教育機関がこのほかに2つある。なお，外国の大学で取得した学士号については，MACの承認が必要となる。
第2段階	MACへ応募・選抜	学士号取得後，最終成績書を添付の上，MACの会計士養成コースへ応募する。MACは応募者の中からトップクラスの学生を選抜する。従前は，毎年100名程度の学生が選抜されていたとのことであるが，2013年は公認会計士の不足状態に鑑み，800名の学生が選抜されたとのことである。当該年度の公認会計士育成数については，毎年，新聞でMACが公表する。なお，MACへの応募に年齢制限はないが，原則として，大学卒業後，ただちに応募しないと養成コースへの応募資格を失う。
第3段階	MAC会計士養成コース入学（2年）	MAC会計士養成コースに入学が認められた者は，月曜日から金曜日の早朝（会計事務所勤務前の2時間（7：00～9：00））及び土曜日5時間（7：00～12：00）に，養成コースで提供される授業に出席する。養成コース参加に係る費用はすべてMACが負担する。学生は，フルタイムで会計事務所等に勤務しながら，会計士養成コースへ2年間通う。

		養成1年目に6科目（上級会計1，原価計算・管理会計1，監査実務1，金融及び金融サービス規制，ビジネス法，ビジネス分析），養成2年目に6科目（上級会計2，原価計算・管理会計2，監査実務2，ビジネス分析，税務，金融知識及び経済）の授業が行われ，これらについて筆記試験を受ける。今後は，この授業及び試験科目に企業統治，資本市場及び環境会計・企業の社会的責任などが組み込まれる予定とのことである。
第4段階	公認会計士登録	2年の養成コースを修了し，実務経験を経て養成2年目の試験に合格した者には，修了証明書（CPA Certificate）が発行され，MACへ公認会計士として登録することができる。公認会計士の業務分野は，MAC Law第1条2項（b）に規定する帳簿作成，調製，会計，監査，財務管理及びITシステム管理である。公認会計士の登録は毎年更新が必要である。なお，第1条2項（b）規定の業務は，公認会計士にのみ認められた業務であり，監査については，さらに後述の開業会計士（Practicing Accountant）登録が必要とされる。また，公認会計士には，3年で72単位の継続的専門教育（CPE Continuing Professional Education）の取得が義務づけられている。
	開業会計士（Practicing Accountant）登録	監査業務を行おうとする公認会計士は，さらに2年間の監査業務についての実務経験を積んだ上で，開業会計士（Practicing Accountant）としてMACに登録する必要がある（MACへの登録は毎年更新が必要）。開業会計士については，MACがその職務，倫理及び権利について定めており，登録の一時停止や取消し等の処分権限も有する。開業会計士には，3年で120単位のCPEの取得が義務づけられている。
	（特別措置）	ミャンマー会計審議会法第12条（c）において，「外国の会計士証明又は学位を所持し，評議会に承認された者」も公認会計士としての登録を申請することができるとあるが，現在のところ，このようなミャンマー市民がMACの承認を受けて，公認会計士として登録されたとの事例はないとのことである。

（出所）「会計プロフェッションをめぐる国際動向⑧ミャンマーの会計・監査制度と今後の人材育成要請」『会計・監査ジャーナル』より引用。

［参考文献］

天内和人・北村健太郎［2015］「ミャンマーにおける技術者高等教育の現状と課題」
『徳山工業高等専門学校研究紀要』第39巻，39-45頁。

アマルティア・セン［2002］『貧困の克服』（大石りら訳）集英社（原書Sen, A.［1999］
Beyond the Crisis: Development Strategies in Asia, Institute of Southeast Asian
Studies.）。

あらた監査法人［2014］「IFRS適用に関する我が国の最近の動向」。
https://www.pwc.com/jp/ja/assurance/research-insights/accounting-news-
digest/assets/pdf/ifrs-japanese-trend141212.pdf（最終閲覧日：2018年10月29日）

石川滋［1990］『開発経済学の基本問題』岩波書店。

石塚博司編［2006］『実証学会計』中央経済社。

ウィリアム R．スコット［2008］『財務会計の理論と実証』（太田康広ほか訳）中央
経済社。

大野健一［1996］『市場移行戦略：新経済体制の創造と日本の知的支援』有斐閣。

大野健一［2000］『途上国のグローバリゼーション』東洋経済新聞社。

尾高煌之助・三重野文晴［2012］『ミャンマー経済の新しい光』勁草書房。

小津稚加子［2009］「SME版IFRSの開発過程―公開草案（ED）構造化はどのように
なされたのか―」『経済学研究』第75巻第5・6号，65-79頁。

甲斐史朗［2018］『ミャンマー新投資法・新会社法』中央経済社。

香川孝三・金子由芳編著［2007］『法整備支援論』ミネルヴァ書房。

上別府隆男［2014］「ミャンマーの高等教育―「民政」下の改革―」ウェブマガジン
『留学交流』2014年11月号，Vol.44，25-31頁。

河﨑照行［2016］「『ASEAN諸国における中小企業会計の実態調査と政策提言』に関
する報告書」『甲南会計研究』第10号，53-80頁。

企業会計基準委員会［2013］「IFRS財団がIFRSの国際的なアドプションに向けての
進捗状況を図表化」。
https://www.asb.or.jp/jp/ifrs/press_release/y2013/2013-0605.html（最終閲覧日
：2018年10月28日）

北村友人［2014］「途上国における能力開発と教育の役割」『Journal of International
Cooperation for Agricultural Development』第13巻，13-22頁。

桐生稔［1979］『ビルマ式社会主義―自律発展へのひとつの実験』教育社。

工藤年博［2011］「ミャンマー新政権の行方　民主化勢力との対話」『世界をみる眼』（http://hdl.handle.net/2344/00049567）

工藤年博編［2012］『ミャンマー政治の実像―軍政23年の功罪と新政権の行方―』日本貿易振興機構アジア経済研究所。

久保公二編［2013］『ミャンマーとベトナムの移行戦略と経済政策』日本貿易振興機構アジア経済研究所。

経済産業省［2015］『ミャンマー産業発展ビジョン』。

http://www.meti.go.jp/press/2015/07/20150703007/20150703007-1.pdf（最終閲覧日：2018年10月19日）

KPMG［2012］『2012年度版　ミャンマー投資ガイド』KPMG Advisory（Myanmar）Ltd.

KPMG［2017］「2017/2018年度版　ミャンマー投資ガイド」。

https://assets.kpmg.com/content/dam/kpmg/jp/pdf/jp-myanmar.pdf（最終閲覧日：2018年10月28日）

河野佐恵子［2002］「途上国をめぐる教育開発理論の展開」『九州大学大学院教育学コース院生論文集』第2巻，31-48頁。

国際協力機構［2010］『JICAの教育分野の協力―現在と未来―』JICA。

小島清［2000］「雁行型経済発展・赤松オリジナル―新興国のキャッチアップ・プロセス―」『世界経済評論』3月号，8-20頁。

児玉卓［2013］「人口動態がもたらすアジアの成長連鎖―「ポスト中国」はインドネシア，インドシナ，フィリピンか―」大和総研。

http://www.dir.co.jp/research/report/overseas/emg/20130808_007531.pdf（最終閲覧日：2018年10月19日）

小松太郎編［2016］『途上国世界の教育と開発』上智大学出版。

斎藤静樹［2018］「会計研究の再構築―実正な記理論と理論なき実証を超えて―」日本会計研究学会大77回大会記念講演（かつ，井尻雄二教授事業記念講演）。

齋藤雅子・セカール マヤングサリ・平松一夫［2015］『インドネシアの会計教育』中央経済社。

坂野慎二・藤田晃之［2015］『海外の教育改革』放送大学教育振興会。

佐藤郁哉［2002］『フィールドワークの技法―問いを育てる，仮説をきたえる―』新曜社。

佐藤郁哉［2016］『社会調査の方法（上）（下）』東京大学出版会。

佐藤経明［2002］「社会主義経済から市場主義経済へ―東欧とアジアの比較―」『東ア

ジア視点』6月号，26-43頁。

種生物学会［2008］『共進化の生態学』文一総合出版。

新日本有限責任監査法人［2014］『ミャンマーの会計・税務・法務Ｑ＆Ａ』税務経理協会。

鐘非［2001］「ビッグバンか漸進主義か―移行パターンの政治経済学―」『Discussion paper series. CIRJE-J-39』日本経済国際共同センター。

高木保興・河合明宣［2014］『途上国を考える』放送大学教育振興会。

田中義隆［2016］『ミャンマーの歴史教育―軍政下の国定歴史教科書を読み解く―』明石書店。

谷口隆義［2017］「ミャンマーにおける企業会計の現状と課題：軍事政権の残照」『国際会計研究』第1巻第1号，147-159頁（国際会計研究学会）。

谷口隆義・德賀芳弘［2018］「ミャンマーにおける会計教育の現状と課題―会計制度改革が進む中での会計教育の欠如―」『京都大学経済学研究科ディスカッションペーパーシリーズ』No. J-18-003。

丹野勲［2013］「アジアにおける文化・社会・制度に基づいた独自のコーポレート・ガバナンス体制の解明」『国際経営フォーラム』第24号，39-80頁。

中小企業基盤整備機構［2006］「ASEAN諸国における会計制度の実態把握調査」。http://www.smrj.go.jp/doc/research_case/asean-chousa.pdf（最終閲覧日：2018年10月19日）

堤雄史［2018］「新会社法の概要」『My biz』
（http://mybiz.jp/column/201802_houmu /#header）

角ヶ谷典幸［2011］「ホーリスティック観と日本の会計環境」『国際会計研究学会年報』2011年度第2号，45-60頁。

津守常弘［1981］「会計原則における統一性と弾力性」『會計』第120巻第5号，14-23頁。

德賀芳弘［1998］「会計測定値の比較可能性」『国民経済雑誌』（神戸大学）第178巻第1号，49-61頁。

德賀芳弘［2000］『国際会計論―相違と調和―』中央経済社。

德賀芳弘［2001a］「産業政策・金融政策とマクロ会計政策」『企業会計』第53巻第9号，84-85頁。

德賀芳弘［2001b］「韓国における金融危機と会計制度改革」『経営研究』（大阪市立大学）第51巻第4号，21-41頁。

德賀芳弘［2018］「外生的会計基準の無機能化―ミャンマーについてのケース・スタ

ディー」『京都大学経済学研究科ディスカッションペーパーシリーズ』No. J-18-002。

徳賀芳弘・P. フェルナンドプレ［1998］「スリランカの会計士制度」『企業会計』第50巻第9号，pp. 82-85。

トラン ヴァン トウ［2010］『ベトナム経済発展論—中所得国の罠と新たなドイモイ—』勁草書房。

仲尾次洋子［2012］「台湾におけるIFRSアドプションの課題：台湾企業の事例を手がかりとして」『會計』第181巻第1号，82-92頁。

中兼和津次［2007］「移行経済論—その1：社会主義体制移行の歴史的背景と理論的根拠—」『青山国際政経論集』，72号，27-79頁。

中兼和津次［2010］「移行経済論—その2：体制移行の結果とその評価—」『青山国際政経論集』第74号，1-61頁。

中西嘉宏［2012］「国軍—正統性なき統治の屋台骨—」工藤年博編『ミャンマー政治の実像—軍政23年の功罪と新政権のゆくえ—』（日本貿易振興機構アジア経済研究所）アジ研選書No.29，71-100頁。

西村可明［1992］「ソ連・東欧・中国の市場経済化と体制転換」西村可明編『市場経済化と体制転換』日本貿易振興会（ジェトロ）。

日本ユニセフ［2017］「世界子供白書2017 統計データ　表5：教育指標」。
https://www.unicef.or.jp/sowc/pdf/05.pdf（最終閲覧日：2018年10月24日）

根本敬［2014］『物語ビルマの歴史』中央公論新社。

野村康［2017］『社会科学の考え方　認識論，リサーチ・デザイン，手法』名古屋大学出版会。

PwC［2012］『ミャンマー投資ガイド』PwC Japan。

PwC［2017］『ミャンマー投資ガイド』PwC Japan。

PwC［2018］「ミャンマー投資ガイド（2018年改訂5版）」。
https://www.PwC.com/jp/ja/knowledge/thoughtleadership/2018/assets/pdf/doing-business-in-myanmar1803.pdf（最終閲覧日：2018年10月24日）

平賀正剛［2012］「制度的同型化としての会計基準の国際的統一—東南アジア，特にマレーシアを事例として—」『国際会計研究学会年報』2012年度第1号，33-50頁。

平松一夫［1982］「我が国における国際会計研究の現状」『商学論究』第30巻第1号，71-108頁。

平松一夫・ラウタウィナタ・ハドリユヌス・木本圭一編著［1998］『インドネシアの会計』中央経済社。

廣里恭史・北村友人［2007］「発展途上国の教育開発・改革を巡る政治学と分析枠組み―地方分権化におけるアクター間の相互作用―」『国際教育協力論集』第10巻第3号，91-110頁。

藤田幸一編［2005］『ミャンマー移行経済の変容―市場と統制のはざまで―』日本貿易振興機構アジア経済研究所。

保城広至［2015］『歴史から理論を創造する方法』勁草書房。

堀江正人［2015］「ミャンマー経済の現状と今後の展望―動き出したアジアのラスト・フロンティア―」三菱UFJリサーチ＆コンサルティング。
http://www.murc.jp/thinktank/economy/analysis/research/report_150601.pdf（最終閲覧日：2018年10月19日）

堀江正人［2018］「ベトナム経済の現状と今後の展望―タイを抜いてインドシナ半島最大の輸出国に成長したベトナム―」三菱UFJリサーチ＆コンサルティング。
http://www.murc.jp/thinktank/economy/analysis/research/report_180316.pdf（最終閲覧日：2018年10月19日）

増田知子［2010］「第7章　ミャンマー軍事政権の教育政策」工藤年博編『ミャンマー軍事政権の行方』日本貿易振興機構アジア経済研究所，235-269頁。

的手美与子・御園恵［1992］『タイ・マレーシアの会計・開示制度』中央経済社。

万代勝信［2000］『現代会計の本質と職能』森山書店。

三重野文晴［2015］『金融システム改革と東南アジア』勁草書房。

宮下俊郎［1990］「英米における証券規制について―ワンセット主義と投資家保護に関する議論の観点から―」『金融研究』（日本銀行金融研究所）第9巻第4号，93-105頁。

森章［2002］『ロシア会計の歴史と現在』大月書店。

湯川雄介ほか編［2018］『ミャンマー新投資法・改訂会社法―最新実務を踏まえて―』有斐閣。

渡辺利夫［1985］『成長のアジア　停滞のアジア』東洋経済新報社。

渡場友絵［2014a］「参考：ASEAN10か国の会計職業専門家資格制度の概略」および「第8　パッケージで合意された約束表の内容」『会計・監査ジャーナル』2014年6月号，62-65頁。

渡場友絵［2014b］「ミャンマーの会計・監査と今後の人材育成要請」『会計・監査ジャーナル』2014年10月号，73-78頁。

Acemoglu, D., S. Johnson, and J. A. Robinson [2005] "Institution as the Fundamental Causes of Long-Run Growth," *Handbook of Economic Growth* 1 (A), pp. 385-472.

Ahmed, K.H., Chalmers, K. and Khlif, H. [2013] "A meta-analysis of IFRS adoption effects," *The International Journal of Accounting*, Vol. 48, No. 2, pp. 173-217.

Al-Akra, M., Jahangir, A. M., and Marashdeh, O. [2009] "Development of accounting regulation in Jordan," *The International Journal of Accounting*, No. 44, pp. 163–186.

Albu, C. N., N. Albu, R. Faff, and A. Hodgson [2011] "Accounting Competencies and the Changing Role of Accountants in Emerging Economies: The Case of Romania," *Accounting in Europe*, 8 (2), pp. 155-184.

Albu, C. N., N. Albu, and D. Alexander [2014] "When global accounting standards meet the local context –Insight from an emerging economy," *Critical Perspectives on Accounting*, 25, pp. 489-510.

Ambrus, A. R. and K, Borbely, [2015] "Hungarian accounting regulation: exposed to the cross-fire," *Zesyty Teoretyczne Rachunkowosci*, 43 (10), pp. 9-22.

Amenkhienan, F. E. [1986] *Accounting in Developing Countries: A Framework for Standard Setting*, UMI Research Press.

Anantharaman, D. and E. Chuk [2017] "The Economic Consequences of Accounting Standards: Evidence from Risk-Taking in Pension Plans," *The Accounting Review*, Vol.93, No.4, pp. 23-51.

Aoki, M. [2010] *Corporations in Evolving Diversity –Cognition, Governance, and Institutions*, Oxford University Press.

Asian Development Bank [2013] Technical Assistance Consultant's Report, Project No. 46369, Republic of the Union of Myanmar: Support for Education Sector Planning, ADB.
https://www.adb.org/sites/default/files/project-document/79491/46369-001-tacr-04.pdf（最終閲覧日：2018年 9 月25日）

Aye May [2004] "A Study of Performance Auditing by Office of the Auditor General in Myanmar," *Yangon Institute of Economics Department of Management Studies*, MBA Program.

Aye Myint Khine [2010] "A study on private accounting training centers in Yangon," *Yangon Institute of Economics Department of Management Studies*,

MBA Programme.

Barth, M., Landsman, W.L., and Lang, M. [2008] "International Accounting Standards and Accounting Quality," *Journal of Accounting Research*, 46, pp. 467-498.

Bohusch, A. [2015] "Myanmar News: Yangon Stock Exchange," *Luther News December 2015*, Luther Law Firm Limited.

Bove, F. and R, Pereira, [2012] "The Determinants and Consequences of Heterogeneous IFRS Compliance Levels Following Mandatory IFRS Adoption: Evidence from a Developing Country," *Journal of International Accounting Research*, 11 (1), pp. 83-111.

Burlaud, A. [2017] "The Status of Public Sector Financial Reporting and Professional Accountancy Organizations Membership in Francophone Africa," *IFAC & WB*.

Carvalho, L.N. and B.M. Salotti [2013] "Adoption of IFRS in Brazil and the consequences to accounting education," *Issues in Accounting Education*, 28 (2), pp. 235-242.

Choi, D. S., G. G. Mueller [1992] *International Accounting, 2nd Ed.*, Pearson.

Christensen, H.B., Hail, L., and Leuz, C. [2013] "Mandatory IFRS Reporting and Changes in Enforcement," *Journal of Accounting and Economics*, No. 56, pp. 147-177.

Chu, T. [2004] "Accounting changes in a transition economy: the case of Vietnam," *University of Wollongong*.

Clements, C. E., J. D. Neil and O. S. Stoval [2010] "Cultural Diversity, Country Size, and the IFRS Adoption Decision," *The Journal of Applied Business Research*, Vol. 26, No. 2, pp. 115-126.

Cooke, T. E. and R. S. O. Wallace [1990] "Financial Disclosure Regulation and Its Environment: A review and further analysis," *Journal of Accounting and Public Policy*, Vol. 9, No. 2, pp. 79-110.

Daske, H., Hail, L., Leuz, C., and Verdi, R. [2008] "Mandatory IFRS Reporting Around the World: Early Evidence on the Economic Consequences," *Journal of Accounting Research*, No. 46, pp. 1085-1142.

Deloitte [2018] "Use of IFRS by jurisdiction," IAS Plus: https://www.iasplus.com/en/resources/ifrs-topics/use-of-ifrs（最終閲覧日：2018年11月29日）

Denzin, N. K. [2009] *The Research Act –A Theoretical Introduction to Sociological Methods*, McGraw-Hill.

DiMaggio, P. J., and W. W. Powell [1983] "The Iron Cage Revisited: Institutional Isomorphism and Collective Rationality in Organizational Fields," *American Sociological Review*, Vol. 48, No. 2, pp. 147-160.

Elbannan, M. [2011] "Accounting and stock market effects of international accounting standards adoption in an developing economy," *Review of Quantitative Finance and Accounting*, Vol. 36, No. 2, pp. 207-245.

Enthoven, A. J. H. [1981] *Accounting Education in Economic Development Management*, North-Holland.

EY [2017] *Doing Business in Myanmar*, EY Corporate Services Limited.

Gartin, T., E. Shroyer, and P. E. Neidermeyer [2009] "Transitional Economies of Europe and the Development of Financial Reporting Standards: A Look at the Correlation between a Successful Economic Transition and the Development of Financial Reporting Standards and Laws," *International Business & Economics Research Journal*, 8 (10), pp. 19-34.

Gernon, H., and R. S. O. Wallace [1995] "International Accounting Research: A Review of its Ecology, Contending Theories and Methodologies," *Journal of Accounting Literature*, 14, pp. 54-106.

Gipper, B., Lombardi, B.J., and Skinner, D.J. [2013] "The politics of accounting standard-setting: A review of empirical research," *Australian Journal of Management*, Vol. 38, No. 3, pp. 523-551.

Gordon, L.A., M. P. Loeb, and W. Zhu [2012] "The impact of IFRS adoption on foreign direct investment," *Journal of Accounting and Public Policy*, Vol. 31, No. 4, pp. 374-398.

Gyasi, A. K. [2010] "Adoption of International Financial Reporting Standards in Developing Countries -The Case of Ghana," *Business Economics and Tourism Dissertation*, University of Applied Sciences.
https://pdfs.semanticscholar.org/6f44/c9a825c2df36d2a49fbc724731af8ad235b7.pdf（最終閲覧日：2019年1月18日）

Haddad, W. D. and T. Demsky [1995] Education Policy-Planning Process: An Applied Framework, UNESCO. http://www.unesco.org/education/pdf/11_200.pdf（最終閲覧日：2018年12月6日）

Hagen, Everett E. [1956] The Economic Development of Bruma, Washington,D. C.:National Planning Association, Planning Pamphelet No.96, July.

Harrison, G.L., and McKinnon, J.L. [1986] "Culture and Accounting Change: A New Perspective on Corporate Reporting Regulation and Accounting Policy Formulation," *Accounting, Organizations and Society*, Vol 12, No. 3, pp. 233-252.

Hassan, M. [2008] "The development of accounting regulations in Egypt," *Managerial Auditing Journal*, Vol. 23 No. 5, pp. 467-484.

Hellmann, A., H. Perera, and C. Patel [2010] "Contextual Issues of the Convergence of International Financial Reporting Standards: The Case of Germany," *Advances in Accounting, Incorporating Advances in International Accounting*, 26 (1), pp. 108-116.

Herbert, W.E., E. E. Ene, and I. N. Tsegba [2014] "Globalization of financial reporting: Obstacles to International Financial Reporting Standards (IFRS) adoption in Nigeria," *Asian Journal of Business and Management Science*, 3 (12), pp. 25-41.

Holthausen, R. W., and R. W. Leftwich [1983] "The economic consequences of accounting choice implications of costly contracting and monitoring," *Journal of Accounting and Economics*, Vol. 5, pp. 77-117.

Holzer, H. P., and J. S. Chandler [1981] "A Systems Approach to Accounting in Developing Countries," *Managerial International Review*, 21 (4), pp. 23-32.

International Accounting Standards Board [2016] *IFRS Application around the World*, IFRS Foundation.

International Monetary Fund [2010] "Public Information Notice: IMF Executive Board Concludes 2010 Article Ⅳ Consultation with Vietnam," IMF.

International Monetary Fund [2013] "Press Release: IMF Executive Board Concludes 2013 Article Ⅳ Consultation with Myanmar," IMF.

International Monetary Fund [2017] *World Economic Outlook Databases*, IMF.

IMF [2018] *Country Report* No. 18/90, Myanmar.

Ismail, W.A., and K. A. Kamarudin [2013] "Earnings quality and the adoption of IFRS based accounting standards: evidence from an emerging market," *Asian Review of Accounting*, Vol. 21 No. 1, pp. 53-73.

Ito, K. [1982] "Accounting Standard Setting and Its Economic Consequences: With Special Reference to Information Inductance in a Cost-Benefit Framework,"

Hitotsubashi Journal of Commerce and Management, Vol.17, No. 1, pp. 66-82.

Judge, W., S. Li, and Pinsker, R. [2010] "National Adoption of International Accounting Standards: An Institutional Perspective," *Corporate Governance: an International Review*, Vol. 18, Issue 3, pp. 161-174.

Kerkvliet, B. J. [2005] *The Power of Everyday Politics: How Vietnamese Peasants Transformed National Policy*, Cornell University Press.

Khin Win Yee [2004] "Myanmar Supreme Audit Institution in Compliance with International Organization of Supreme Audit Institution," *Yangon Institute of Economics Department of Management Studies*, MBA Programme.

Khine, Aye Myint [2010] "A study on private accounting training centers in Yangon," *Yangon Institute of Economics Department of Management Studies*, MBA Dissertation.

Knight, J. [2008] *Higher Education in Turmoil: The Changing World of Internationalization*, Rotterdam Netherlands: Sense Publishers.

Larson, R.K. [1993] "International accounting standards and economic growth: an empirical investigation of their relationship in Africa," *Research in third world Accounting*, No. 24, pp. 165-179.

Lasmin, D. [2012] "The Unwanted Effects of International Financial Reporting Standards (IFRS) Adoption on International Trade and Investments in Developing Countries," *Journal of Economics and Economic Education Research*, Vol. 13, No. 1, pp. 1-14. Lavigne, M. [1999] *The Economic of Transition from Socialist Economy, second edition*, Macmillan Press Ltd. (栖原学訳『移行の経済学：社会主義経済から市場経済へ』日本評論社，2001年)

Liu, C., Yao, L.J., Hu, N., and Liu, L. [2011] "The impact of IFRS on accounting quality in a regulated market: an empirical study of China," *Journal of Accounting, Auditing & Finance*, Vol. 26 No. 4, pp. 659-676.

MacLullich, K. K., and C. Gurau [2004] "The Relationship between Economic Performance and Accounting System Reform in the CEE Region: The Cases of Poland and Romania," *Discussion Paper*, Heriot-Watt University.

Madawaki, A. [2012] "Adoption of International Financial Reporting Standards in Developing Countries: The Case of Nigeria," *International Journal of Business and Management*, 7 (3), pp. 152-161.

Martin, M. F. [2012] *CRS Report for Congress, U.S. Sanctions on Burma*,

Congressional Research Service.

Mizunoura, K. [2016] "Accounting Standards for Small-and Medium-Sized Enterprises in ASEAN, " *ERIA Research Project 2015* No.22, Economic Research Institute for ASEAN and East Asia.

Mussa, M. [1978] "Dynamic Adjustment in the Heckscher-Ohlin-Samuelson Model," *Journal of Political Economy*, Vol.86, No.5, pp. 775-791.

Mussa, M. [1982] "Government Policy and the Adjustment Pross," in J.N. Bhagwati (ed.), *Import Competition and Response*, pp. 73-120, Chicago: Chicago University Press.

Mussa, M. [1984] "The Adjustment Process and the Timing of Trade Liberalization, " *NBER Working Paper*, No. 1458.

Myanmar Insider [2014] "A closer look at Accountancy Profession in Myanmar." http://www.myanmarinsider.com/a-closer-look-at-accountancy-profession-in-myanmar/ (最終閲覧日：2018年10月28日)

Myat Thein [2004] *Economic Development of Myanmar*, Institute of Southeast Asian Studies.

Nair, R. D. and W. G. Frank [1980] "The Impact of Disclosure and Measurement Practices on International Accounting Classifications," *The Accounting Review*, Vol. 55, No. 3, pp. 426-450.

Nobes, C. [2011] "IFRS practices and the persistence of accounting system classification," *ABACUS*, 47 (3), pp. 267-283.

Nobes, C.W., and Parker, R. [2016] *Comparative International Accounting*, 13th edition. Harlow, UK: Pearson.

North,D.C. [1990] *Institutions,Institutional Change and Economic Performance*, Cambridge:Cambridge University Press.

Novin, A. M. and J. C. Baker [1990] "Enhancing Accounting Education and the Accounting Profession in Developing Countries," *Foreign Trade Review*, Vol. 25, No. 3, pp. 247-257. Oliver, C. [1991] "Strategic responses to institutional processes," *Academy of management review*, 16 (1), pp. 145-179.

Organisation for Economic Co-operation and Development [2013] *Multi-dimensional Review of Myanmar*, OECD. (門田清訳『ミャンマーの多角的分析』明石書店，2015年)

Perera, H., and Baydoun, N. [2007] "Convergence with International Financial

Reporting Standards: The Case of Indonesia," *Advances in International Accounting*, 20, pp. 201-224.

Phan, D., M. Joshi, and T. Binh [2018] "The history of accounting standard setting in an emerging transition economy: The case of Vietnam," *Accounting History*, SAGE Publications.

Phong, D., and M. Beresford [1998] *Authority Relations and Economic Decision-Making in Vietnam: An Historical Perspective*, Copenhagen: Nordic Institute of Asian Studies.

PwC [2014] *Myanmar Business Guide*, PricewaterhouseCoopers Myanmar Co., Ltd.

PwC [2017] *Myanmar Business Guide*, PricewaterhouseCoopers Myanmar Co., Ltd. (PwC Japan [2017]『ミャンマー投資ガイド』PwC Japan)

Ramanna, K., and E. Sletten [2009] "Why do Countries Adopt International Financial Reporting Standards?" *Harvard Business School Working Paper* 09-102, pp. 2-46.

Saito, M., K. Hiramatsu, and S. Mayangsari [2012] "Accounting Education for the Implementation of IFRS in Indonesia," *International Review of Business*, No. 12, pp. 1-21.

Samaha, K. and H. Khlif [2016] "Adoption of and compliance with IFRS in developing countries: A synthesis of theories and directions for future research," *Journal of Accounting in Emerging Economies*, Vol. 6, No. 1, pp.33-49.

Saudagaran, S. M. and J. G. Diga [1998] "Accounting Harmonization in ASEAN: Benefits, Models and Policy Issues," *Journal of International Accounting, Auditing and Taxation*, vol. 7, No. 1, pp. 21-45.

Shapiro, C. and H. R. Varian [1999] *Information Rules*, Harvard Business School Press.

Shima, K. M., and D. C. Yang [2012] "Factors Affecting the Adoption of IFRS," *International Journal of Business*, Vol. 17, No. 3, pp. 276-298.

Shwe Yee Win [2012] "A Study on Competitive Advantages of Accountancy Training Centres in Yangon," *Yangon Institute of Economics Department of Management Studies*, MBA Programme.

Solomons, D. [1978] "The Politicization of Accounting," *Journal of Accountancy*, 146 (5), pp. 65-72.

Szychta, A. [2013] "Cost and Management Accounting in Poland," *European traditions in accounting, EAA newsletter,* 2, pp. 23-27.

Taplin, R.H., G. Tower, and P. Hancock [2002] "Disclosure (discernibility) and compliance of accounting policies: Asia pacific evidence," *Accounting Forum,* Vol. 26 No. 2, pp. 172-190.

Taylor, P., and S. Turley [1986] "Applying Economic Consequences Analysis in Accounting Standard Setting: A Tax Incidence Approach," *Journal of Business Finance & Accounting,* Vol. 13, No. 4,

Thein, U. Myint [1999] "Accounting Education and Profession in Burma (Myanmar)," *ABAC Journal,* Vol.19, No.2, pp.33-46.

Tirasriwat, A., and U. M. Thein [2000] "A comparative study of Thailand and Myanmar (Burma) professional accountant admission requirements," *ABAC Journal,* Vol.20, No.1, pp.87-101.

Türel, A. [2009] "The value relevance of IFRS: the case of Turkey", *Economica,* Vol. 5 No. 1, pp. 119-128.

UNESCO Institute for Statistics [2018] UNESCO Institute for Statistics http://data.uis.unesco.org/Index.aspx（最終閲覧日：2018年10月19日）

United Nations [2010] *International Accounting and Reporting Issues 2008 Review,* United Nations.

Watts, R.L. [1977] "Corporate Financial Statements: A product of the market and political process," *Australian Journal of Management,* No. 2, pp. 53-75.

Watts, R.L., and Zimmerman, J.L. [1986] *Positive accounting theory,* Prentice-Hall.

Welch, A. and M. Hayden [2013] *ADB Technical Assistance Consultant's Report, Project Number 46369, Republic of the Union of Myanmar: Support for Education Sector Planning,* Asian Development Bank.

Wijewardena, H. and S. Yapa [1997] "Colonialism of Accounting Education in Developing Countries: The Experiences of Singapore and Sri Lanka," *Accounting and Finance Working Paper* No. 60. (University of Wollongong)

World Bank [1990] *World Development Report 1990,* Oxford University Press.

World Bank [1992] *Viet Nam: Restructuring Public Finance and Enterprise: An Economic Report, Report* No.10134-VN, World Bank

World Bank [1995a] *Myanmar: Politics for Sustaining Economic Reform,* Report No.14062-BA, World Bank.

World Bank [1995b] *Viet Nam: Economic Report on Industrialization and*

Industrial Policy, Report No.14645-VN, World Bank.

World Bank Group [2017] *Myanmar - Report on Observance of Standards and Codes (ROSC): accounting and auditing module*, World Bank Group.

Yangon Education Directory [2018] Yangon Education Directory. https://www.edge.com.mm/（最終閲覧日：2018年10月19日）

Yin Yin Aung [2011] "A Study on Service Quality of Accountancy Training Centres in Yangon," *Yangon Institute of Economics Department of Management Studies*, MBA Programme.

Zeff, S. A. [1978] "The Rise of 'Economic Consequences' -The Impact of accounting reports on decision making may be the most challenging accounting issue of the 1970s," *The Journal of Accountancy*, pp. 56-63.

Zeghal, D., and K. Mhedhbi [2006] "An Analysis of the Factors Affecting the adoption of International Accounting Standards by Developing Countries," *The International Journal of Accounting*, 41, pp. 373-386.

Zehri, C., and A. Abdelbaki [2013] "Does Adoption of International Accounting Standards Promote Economic Growth in Developing Countries," *International Open Journal of Economics*, Vol. 1, No. 1, pp.1-13.

［索　引］

英　数

IAS/IFRS・・・・・・・・・・・・・・・・・・・・・・・・・・・・・・・・・・・・ 1
ASEAN・・・・・・・・・・・・・・・・・・・・・・・・・・・・・・・・・・・・・・・ 10
LCCI・・ 9
MAC法・・・・・・・・・・・・・・・・・・・・・・・・・・・・・・・・・・・・・・ 26

あ　行

アウン・サン・スーチー・・・・・・・・・・・・・・・・・・・ 21
アジア開発銀行・・・・・・・・・・・・・・・・・・・・・・・・・・・・・ 9
移行経済国・・・・・・・・・・・・・・・・・・・・・・・ 10, 13, 15
市場親和的な制度・・・・・・・・・・・・・・・・・・・・・・・・・ 16
イングランド・ウェールズ勅許会計士
　協会・・・・・・・・・・・・・・・・・・・・・・・・・・・・・・・・・・・・・・ 41
英国会計制度・・・・・・・・・・・・・・・・・・・・・・・・・・・・・ 23
英緬戦争・・・・・・・・・・・・・・・・・・・・・・・・・・・・・・・・・・ 19
エリート・インタビュー・・・・・・・・・・・・・・・・・ 31
エリート調査・・・・・・・・・・・・・・・・・・・・・・・・・・・・・・ 3
欧米の経済制裁・・・・・・・・・・・・・・・・・・・・・・・・・・ 22

か　行

開業会計士・・・・・・・・・・・・・・・・・・・・・・・・・・・・・・・ 55
会計・監査基準の無機能化・・・・・・・・・・・・・・・ 1
会計・監査制度・・・・・・・・・・・・・・・・・・・・・・・・・・ 29
会計インフラ・・・・・・・・・・・・・・・・・・・・・・・ 51, 63
会計インフラ未整備仮説・・・・・・・・・・・・・・・ 56
会計基準の無機能化・・・・・・・・・・・・・・・・・・・・・ 2
会計教育・・・・・・・・・・・・・・・・・・・・・・・・・・・・・・・・・ 43
会計空白の50年・・・・・・・・・・・・・・・・・・・・・・・・・ 24
会計高等教育・・・・・・・・・ 2, 48, 50, 51, 55, 63
会計高等教育の欠如仮説・・・・・・・・・・・・・・・ 56
会計制度改革・・・・・・・・・・・・・・・・・・・・・・・・・・・ 14
会計専門職教育・・・・・・・・・・・・・・・・・・・・・ 2, 55
会計リテラシー・・・・・・・・・・・・・・・・・ 13, 42, 63

外生的会計基準の無機能化・・・・・・・・・ 47, 65

外生的会計基準の無機能化・・・・・・・・・ 47, 65
外生的な会計基準・・・・・・・・・・・・・・・・・・・・・・ 47
開発途上国・・・・・・・・・・・・・・・・・・・・・・・・・ 10, 13
開発途上国の教育開発・・・・・・・・・・・・・・・・・ 57
基礎教育制度・・・・・・・・・・・・・・・・・・・・・・・・・・・ 48
規範的同型化・・・・・・・・・・・・・・・・・・・・・・・・・・・ 48
旧軍事政権・・・・・・・・・・・・・・・・・・・・・・・・・・・・ 2, 8
急進主義・・・・・・・・・・・・・・・・・・・・・・・・・・・ 16, 60
急進主義的移行・・・・・・・・・・・・・・・・・・・・・・・・ 15
急進主義的改革・・・・・・・・・・・・・・・・・・・・・・・・ 14
強制的同型化・・・・・・・・・・・・・・・・・・・・・・・・・・・ 48
軍事独裁政権・・・・・・・・・・・・・・・・・・・・・・・・・・・ 21
軍事優先政策・・・・・・・・・・・・・・・・・・・・・・・・・・・ 56
経済制裁・・・・・・・・・・・・・・・・・・・・・・・・・・・・・・・・ 48
ケイパビリティ・・・・・・・・・・・・・・・・・・・・・・・・ 58
限定意見・・・・・・・・・・・・・・・・・・・・・・・・・・・・・・・・ 40
構造化面接法・・・・・・・・・・・・・・・・・・・・・・・・・・・ 31
高等会計教育・・・・・・・・・・・・・・・・・・・・・・・・・・・ 29
高等教育機関の閉鎖・・・・・・・・・・・・・・・・・・・ 60
国民民主連盟・・・・・・・・・・・・・・・・・・・・・・・・・・・ 21
コンプライアンス意識・・・・・・・・・・・・・・・・・ 63

さ　行

財務公開制度・・・・・・・・・・・・・・・・・・・・・・・・・・・ 59
質問票調査・・・・・・・・・・・・・・・・・・・・・・・・・・・・ 2, 4
資本市場・・・・・・・・・・・・・・・・・・・・・・・・・・・・・・・・ 59
社会主義市場経済・・・・・・・・・・・・・・・・・・・・・・ 15
宿題教育・・・・・・・・・・・・・・・・・・・・・・・・・・・・・・・・ 61
証券取引法・・・・・・・・・・・・・・・・・・・・・・・・・ 22, 51
新会社法・・・・・・・・・・・・・・・・・・・・・・・・・・・・・・・・ 22
新軍事政権・・・・・・・・・・・・・・・・・・・・・・・・・ 2, 7, 8
真実かつ公正な概観・・・・・・・・・・・・・・・・・・・ 24
世界銀行・・・・・・・・・・・・・・・・・・・・・・・・・・・・・・・・・ 9
先進国・・・・・・・・・・・・・・・・・・・・・・・・・・・・・・・・・・ 13

漸進主義·················· 15, 16, 60
漸進主義的改革················· 16
漸進主義擁護論················· 16
ソウ・マウン··················· 21
僧院学校······················ 49
ソ連型社会主義会計············· 25
ソ連型社会主義体制············· 25

た 行

大学閉鎖······················ 56
第3次英緬戦争················· 23
中国型漸進主義擁護論··········· 16
テイン・セイン················· 21
店頭取引······················ 51
トライアンギュレーション······ 3, 30, 42

な 行

内部統制等···················· 13
ネー・ウィン··················· 19

は 行

半構造化······················ 32
半構造化方式················ 3, 30, 36
半構造化面接法················· 31
非構造化方式················ 3, 30, 36
非政治化······················ 55
非政治政策···················· 56, 60

ビルマ式社会主義··············· 19
ビルマ社会主義計画党··········· 19
訪問面接調査··················· 4, 29

ま 行

ミャンマー会計評議会··········· 25
ミャンマー会社法··············· 23
ミャンマー公認会計士協会······· 25
ミャンマー資本市場············· 22
ミャンマーの基礎教育制度······· 48
民主化運動·················· 55, 56, 60
無機能化······················ 47
無機能化現象··················· 4
無限定適正意見················· 40
メイティラ経済大学············· 50
模倣的同型化··················· 48
モンユア経済大学··············· 50

や 行

ヤンゴン経済大学··············· 23
ヤンゴン証券取引所············· 36, 51

ら 行

ラングーン工科大学············· 55
ラングーン取引所··············· 51
連邦団体発展党················· 21

＜著者紹介＞

谷口　隆義（たにぐち　たかよし）

公認会計士・税理士法人谷口隆義事務所所長　　博士（経済学 京都大学）
公認会計士・税理士　京都大学会計人会会長

1949年大阪生まれ，1975年昭和監査法人（現 EY新日本有限責任監査法人）入所。
1985年同所を退所し独立開業。
1993年衆議院議員選挙に出馬し当選。2009年まで5回当選。その間，財務副大臣
　（2002年1月から2003年9月），総務副大臣（2007年9月から2008年8月）を拝命。

〈著書等〉
『戦略的金融システムの構築』金融財政事情研究会，2001年。
『一問一答　金庫株解禁等に伴う商法改正』共著，商事法務研究会，2001年。

ミャンマー会計制度の研究

2019年9月25日　第1版第1刷発行

著　者　谷　口　隆　義
発行者　山　本　　　継
発行所　㈱中央経済社
発売元　㈱中央経済グループ
　　　　パブリッシング

〒101-0051　東京都千代田区神田神保町1-31-2
電話　03 (3293) 3371（編集代表）
　　　03 (3293) 3381（営業代表）
http://www.chuokeizai.co.jp/
印刷／三英印刷㈱
製本／誠製本㈱

© 2019
Printed in Japan

＊頁の「欠落」や「順序違い」などがありましたらお取り替えいた
しますので発売元までご送付ください。（送料小社負担）
ISBN978-4-502-32441-3　C3034

JCOPY〈出版者著作権管理機構委託出版物〉本書を無断で複写複製（コピー）することは，
著作権法上の例外を除き，禁じられています。本書をコピーされる場合は事前に出版者著
作権管理機構（JCOPY）の許諾を受けてください。
　JCOPY〈http://www.jcopy.or.jp　eメール：info@jcopy.or.jp〉

会計と会計学の到達点を理論的に総括し、
現時点での成果を将来に引き継ぐ

体系現代会計学 全12巻

■総編集者■

斎藤静樹(主幹)・安藤英義・伊藤邦雄・大塚宗春

北村敬子・谷　武幸・平松一夫

■各巻書名および責任編集者■

第1巻　企業会計の基礎概念―――――――――斎藤静樹・徳賀芳弘

第2巻　企業会計の計算構造―――――北村敬子・新田忠誓・柴　健次

第3巻　会計情報の有用性―――――――――伊藤邦雄・桜井久勝

第4巻　会計基準のコンバージェンス――――――平松一夫・辻山栄子

第5巻　企業会計と法制度―――――安藤英義・古賀智敏・田中建二

第6巻　財務報告のフロンティア――――――広瀬義州・藤井秀樹

第7巻　会計監査と企業統治――――――――千代田邦夫・鳥羽至英

第8巻　会計と会計学の歴史――――――――千葉準一・中野常男

第9巻　政府と非営利組織の会計 ―――――――大塚宗春・黒川行治

第10巻　業績管理会計―――――――谷　武幸・小林啓孝・小倉　昇

第11巻　戦略管理会計――――――――――淺田孝幸・伊藤嘉博

第12巻　日本企業の管理会計システム―――廣本敏郎・加登　豊・岡野　浩

中央経済社